**4**

Das Materialheft Testen und Fördern

Die Fördermaterialien wurden erstellt unter Verwendung einer Vorlage von:

Autoren

Imke Bünstorf
Kerstin Ende
Renate Erbstößer
Karin Eschenbach
Britta Esp
Angela Hock-Schatz
Sonja Kargl
Gerlinde Rusch
Ute Schimmler
Karin Schramm
Sabine Trautmann
Christa ten Broek
Kathrin Wiegelmann

Illustratoren

Anke Fröhlich
Sylvia Graupner
Heike Herold
Dieter Konsek
Cleo-Petra Kurze
Klaus Müller
Sandra Schmidt
Claudia Weikert

Ernst Klett Verlag
Stuttgart · Leipzig

Inhaltsverzeichnis

Arbeiten mit Testen und Fördern: So funktioniert es 3

Methodenblatt Richtig schreiben 5

Rechtschreiben – Ähnlich klingende Laute 7
    Fördermaterial 7
    Lösungen 9

Rechtschreiben – Groß-/Kleinschreibung 10
    Fördermaterial 10
    Lösungen 14

Methodenblatt Sprachbetrachtung/Grammatik 16

Sprachbetrachtung/Grammatik – Wortarten 19
    Fördermaterial 19
    Lösungen 23

Sprachbetrachtung/Grammatik – Satzarten 25
    Fördermaterial 25
    Lösungen 28

Sprachbetrachtung/Grammatik – Satzglieder 30
    Fördermaterial 30
    Lösungen 35

Methodenblatt Lesen 38

Lesen – Leseverstehen/Sinnentnahme 39
    Fördermaterial 39
    Lösungen 42

Lesen – Literarische Begriffe 44
    Fördermaterial 44
    Lösungen 47

Urkunde 49

Arbeiten mit Testen und Fördern: So funktioniert es

Schritt 1: Anmelden

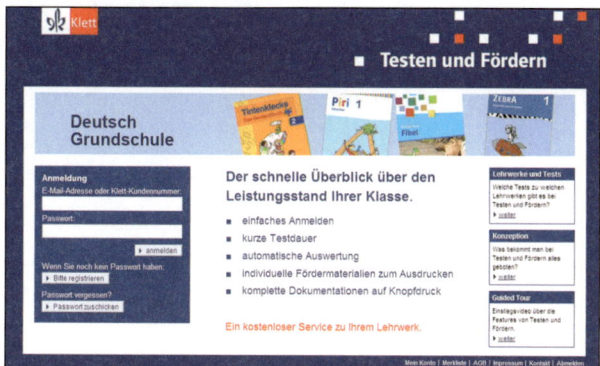

Melden Sie sich auf der Internetseite http://www.testen-und-foerdern.de/ mit Ihrer Klett-Kundennummer und Ihrem Passwort an.

Schritt 2: Schüler anlegen und Test zuweisen

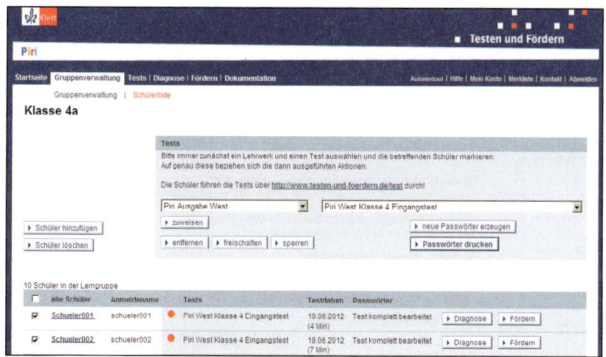

Legen Sie eine Lerngruppe mit den Schülerinnen und Schülern an, deren Leistungsstand Sie erheben möchten. Wählen Sie danach aus einer Liste den für Ihr Lehrwerk und Schuljahr relevanten Test aus.

Für jede Schülerin und jeden Schüler wird nun automatisch ein Schülercode erstellt. Die Liste mit den Schülercodes können Sie ausdrucken und an Ihre Schülerinnen und Schüler verteilen.

Schritt 3: Test durchführen

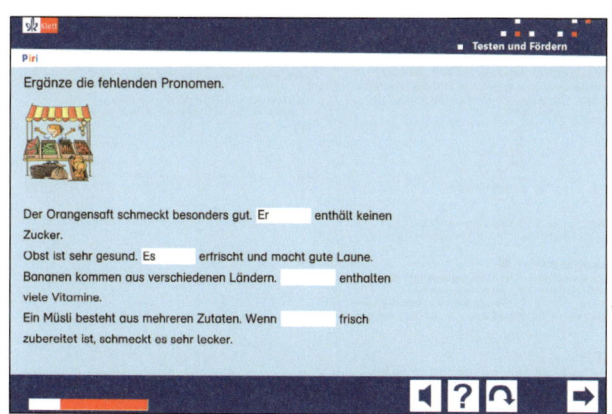

Die Tests können sowohl zu Hause als auch in der Schule durchgeführt werden.
Auf der Internetseite http://www.testen-und-foerdern.de/test können die Schülerinnen und Schüler ihren Anmeldenamen und das Passwort eingeben und anschließend den Test bearbeiten, der aus ca. 15 bis 30 Einzelaufgaben besteht.

Kurz nachdem der Test beendet wurde, erhalten Sie eine automatische Auswertung der Ergebnisse sowie für jeden Schüler individuell empfohlene Fördermaterialien.

Schritt 4: Automatische Auswertung

Die Auswertung bietet Ihnen einen schnellen Überblick über den Leistungsstand Ihrer Klasse und jedes einzelnen Schülers in einer übersichtlichen Darstellung.
Auf einen Blick sehen Sie, wie Ihre Schüler in den einzelnen Kompetenzbereichen abgeschlossen haben und welche Schüler Förderbedarf haben. Sie erkennen, wer Förderbedarf hat und welche individuellen Fördermaßnahmen empfohlen werden.

Komplette Dokumentationen und Fördermaterialien auf Knopfdruck

Der Lernstand bzw. die Lernentwicklung Ihrer Schüler und die empfohlenen Fördermaßnahmen werden Ihnen in Form verschiedener Dokumentationen zum Ausdrucken zur Verfügung gestellt: als individueller Diagnosebogen zu jedem einzelnen Schüler, als Gruppenübersicht über die ganze Klasse, als Lernvertrag und als Elternbrief, den Sie zum Beispiel am Elternsprechtag aushändigen können.

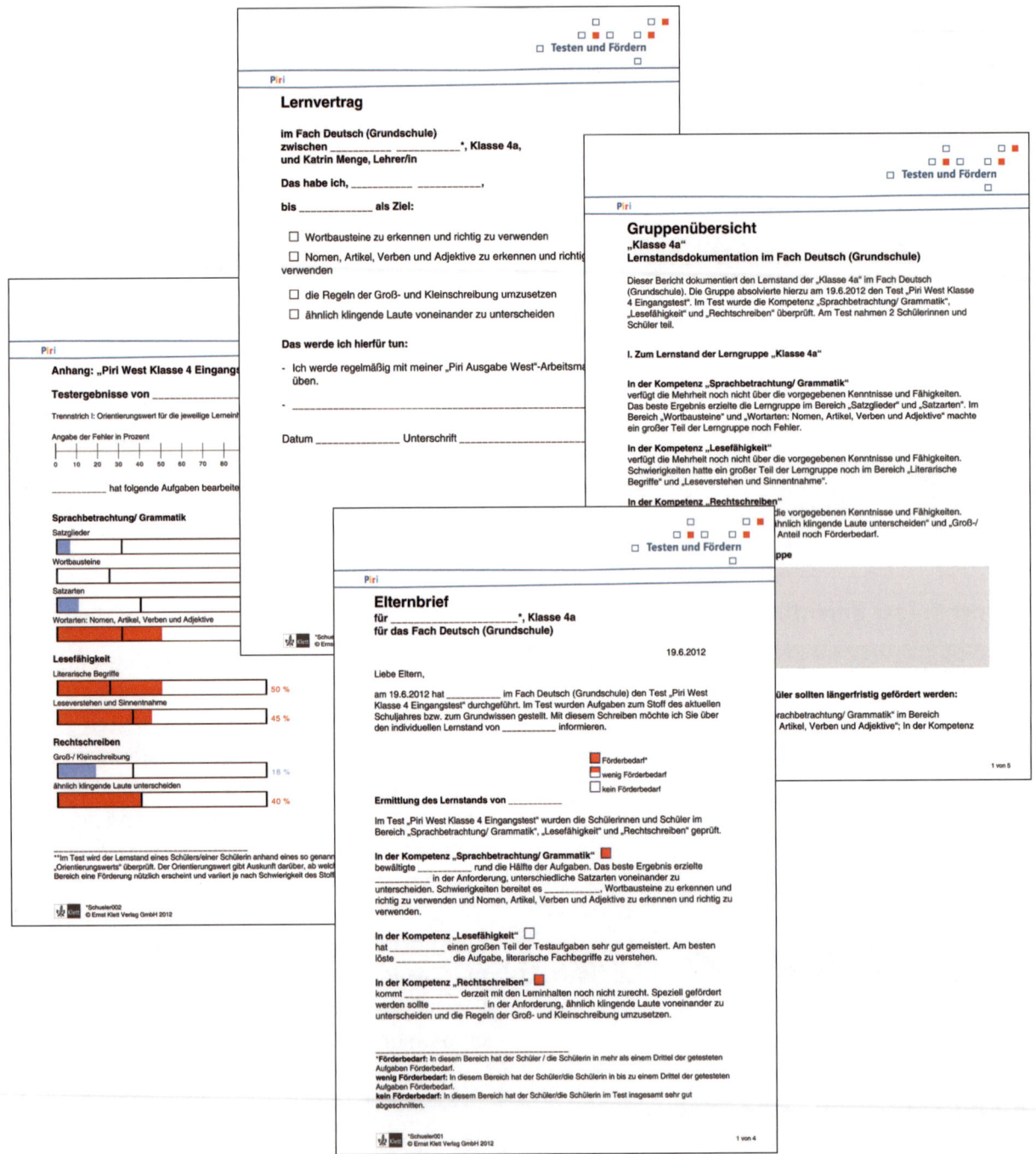

Methodenblatt

Richtig schreiben

■ Richtig schreiben ■

Das merke ich mir:
Großschreibung

Gefühle und Gedanken werden auch durch Nomen ausgedrückt.
Sie werden wie alle **Nomen** großgeschrieben und haben Artikel:
der Streit, die Idee, das Glück.

Wörter mit den Endsilben **-heit**, **-keit**, **-nis** und der Endung **-ung** sind **Nomen**. Sie werden deshalb großgeschrieben:
die Gesundheit, die Herzlichkeit, die Erkenntnis, die Wohnung.

Nomen können aus mehreren einzelnen Nomen bestehen.
Der Artikel des **zusammengesetzten Nomens** richtet sich immer nach dem zweiten Nomen:
das Zimmer + **die** Decke: **die** Zimmerdecke.
Manche zusammengesetzten Nomen werden mit **-s** oder **-es** verbunden:
die Geburt + der Tag: der Geburt**s**tag, der Tag + der Plan: der Tag**es**plan.

Die **Anredepronomen** „**Sie**", „**Ihr**", „**Ihre**" und „**Ihnen**" werden großgeschrieben.

Kleinschreibung

Verben sagen, was Menschen, Tiere, Pflanzen und Dinge tun.
Verben werden **kleingeschrieben**: reden, ich rede.

Wörter mit **-ig** oder mit **-lich** sind **Adjektive**. Sie werden **kleingeschrieben**.

Für Nomen kann man **Pronomen (Fürwörter)** einsetzen:
ich, du, er, sie, es, wir, ihr, sie.
Pronomen richten sich **nach dem Artikel** des Nomens:
der Mann – **er**, **die** Frau – **sie**, **das** Kind – **es**, **die** Kinder – **sie**.

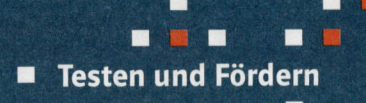

Methodenblatt

Richtig schreiben

Ableitung äu/au

Bei manchen Wörtern kann man durch **Ableiten** die Schreibweise erkennen. Wörter mit **äu** haben ein verwandtes Wort mit **au**:
das H**au**s – die H**äu**ser, l**au**fen – er l**äu**ft.

Verlängern

Ob ein Wort am Ende mit **-ig** oder mit **-lich** geschrieben wird, hörst du, wenn du es verlängerst: fröhlich – fröhliche, selig – selige.

Wörtliche Rede

Was man spricht, heißt **wörtliche Rede**.
Man setzt die wörtliche Rede in **Anführungszeichen**.
Der **Begleitsatz** gibt an, wer und wie jemand spricht.
Steht der **Begleitsatz vor der wörtlichen Rede**, wird er durch einen **Doppelpunkt** von der wörtlichen Rede getrennt.
Tim fragt: „Wie spät ist es?"
Steht der **Begleitsatz hinter der wörtlichen Rede**, wird er immer durch ein **Komma** von der wörtlichen Rede getrennt.
„Wie spät ist es?", *fragt Tim.*

Förderblatt

Rechtschreiben – Ähnlich klingende Laute

> Bei manchen Wörtern kann man durch **Ableiten** die Schreibweise erkennen. Wörter mit **äu** haben ein verwandtes Wort mit **au**:
> das H**au**s – die H**äu**ser, l**au**fen – er l**äu**ft.

1 Ergänze eu oder äu.

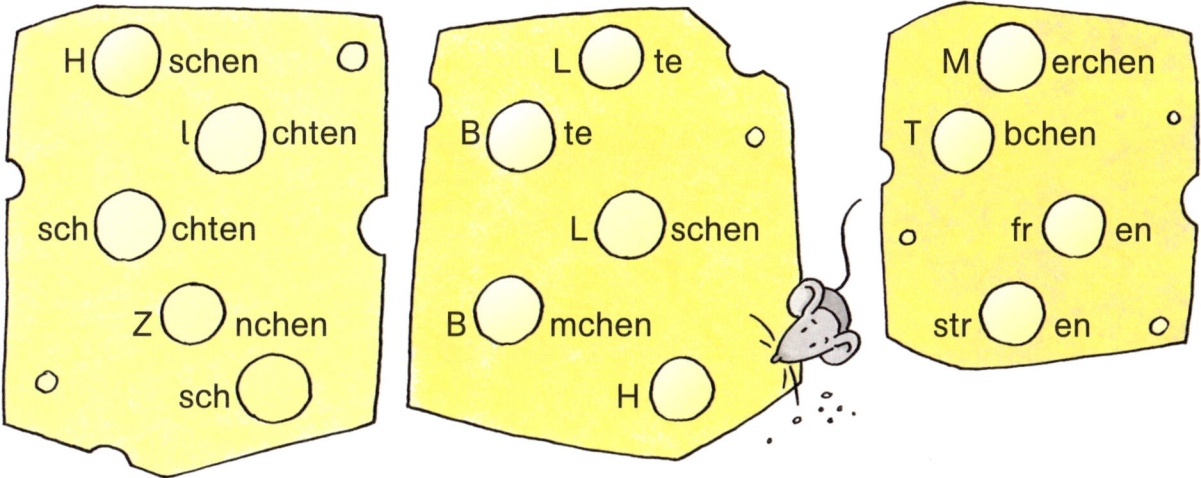

H__schen, l__chten, sch__chten, Z__nchen, sch__
L__te, B__te, L__schen, B__mchen, H__
M__erchen, T__bchen, fr__en, str__en

2 Bilde zu jedem Nomen die Mehrzahl.
Schreibe so: *die Maus – die ...*

| Maus | Raum | Beule | Zaun | Beutel | Braut |

_____
_____
_____
_____

3 Umkreise die Veränderungen.

Förderblatt

Rechtschreiben – Ähnlich klingende Laute

1. Setze eu oder äu richtig ein.

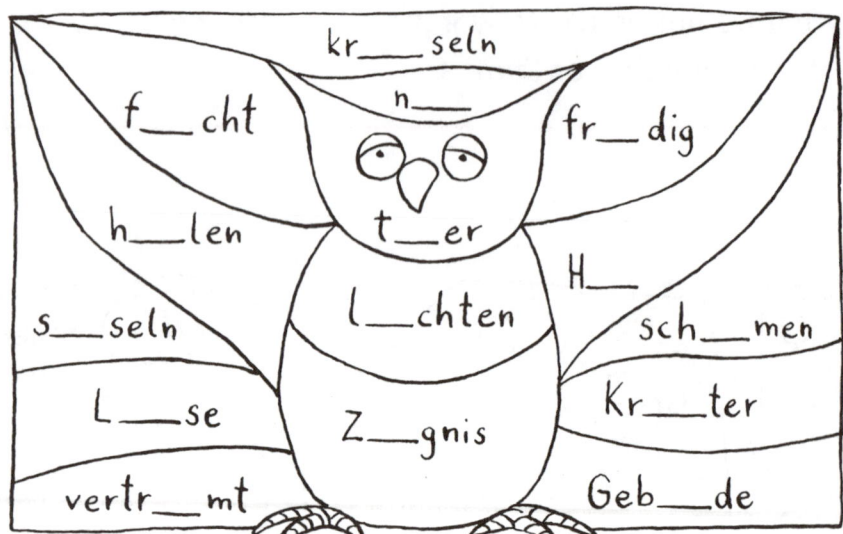

kr__seln, n__, fr__dig, f__cht, t__er, H__, h__len, sch__men, s__seln, l__chten, Kr__ter, L__se, Z__gnis, vertr__mt, Geb__de

2. Male alle Felder der Wörter mit eu braun und mit äu hellblau aus.

Es entsteht eine _____.

3. Ordne die Wörter nach Nomen, Verben und Adjektiven.

Nomen	Verben	Adjektive

4. Schreibe die Wörter mit eu heraus.

_____

_____

Lösungsblatt

Rechtschreiben – Ähnlich klingende Laute

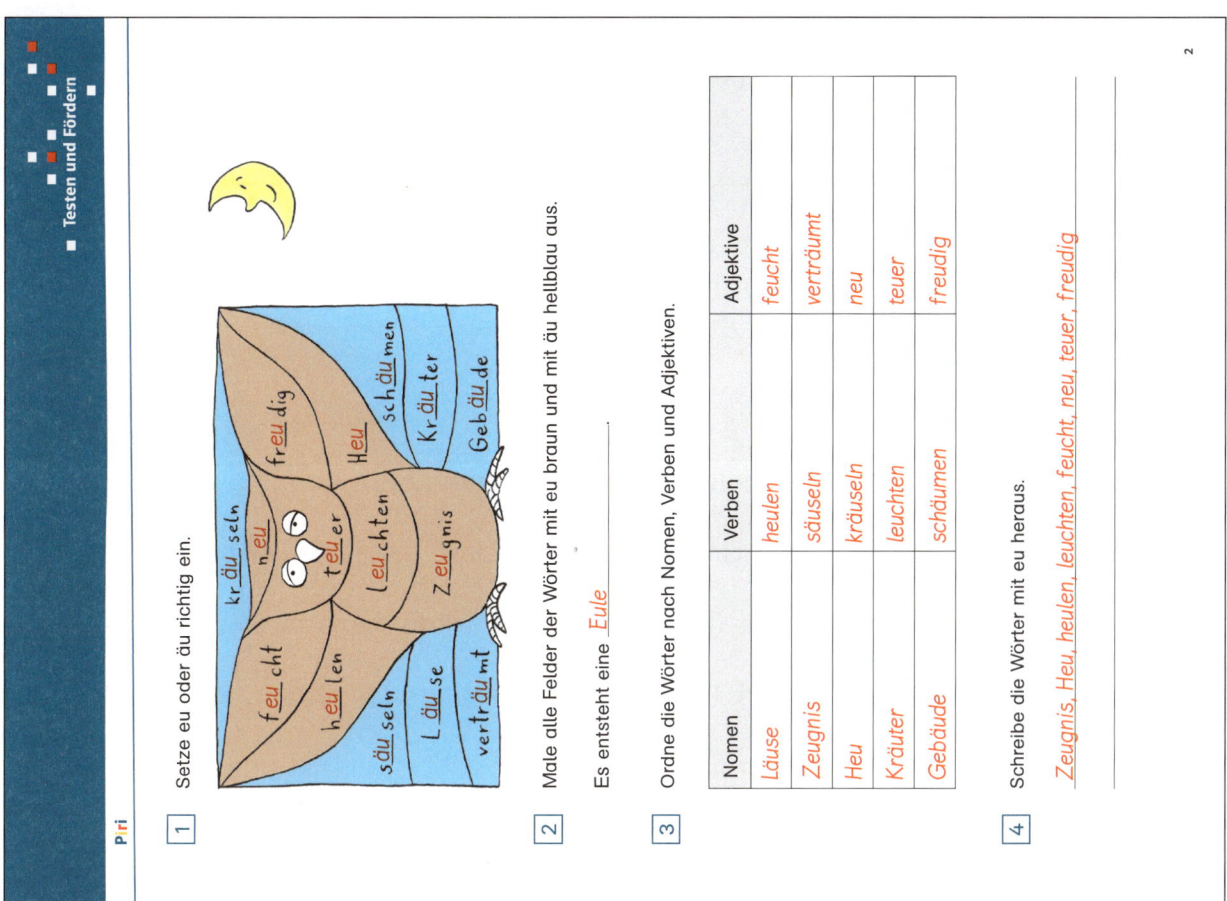

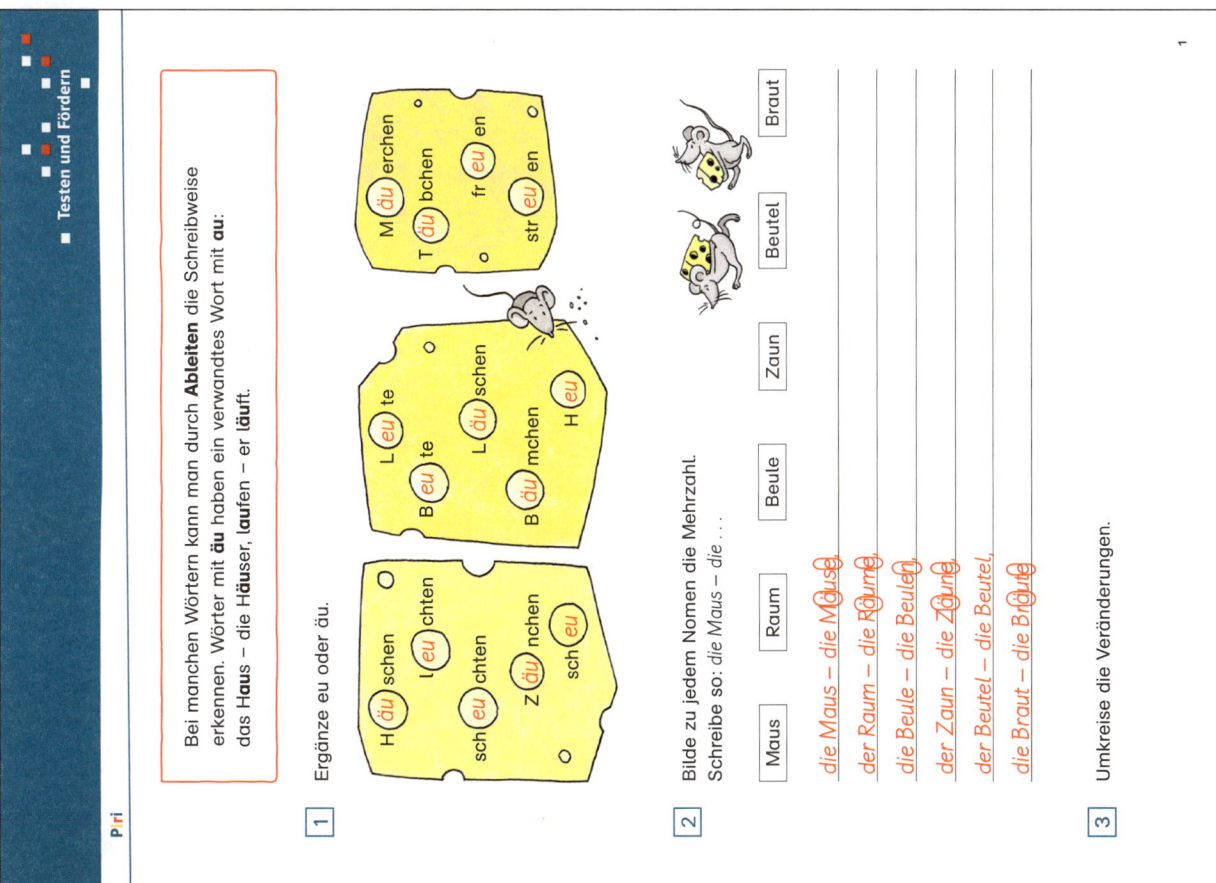

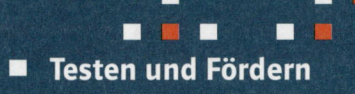

Förderblatt

Rechtschreiben – Groß-/Kleinschreibung

> Die **Anredepronomen „Sie"**, **„Ihr"**, **„Ihre"** und **„Ihnen"** werden großgeschrieben.

1 Setze die fehlenden Anredepronomen, Pronomen und Satzzeichen ein.

Liebe Feriengäste,

wir möchten _____ gerne einladen, unsere wilden Tiere ganz nah zu sehen·

Genießen _____ _____ Urlaub auf besondere Weise· Hier werden

_____ Elefanten, Nashörner und viele andere wilde Tiere zu Gesicht

bekommen· In unserem Tierpark leben _____ ohne Gehege in der freien

Natur· Für _____ Sicherheit ist gesorgt, denn _____ ist uns wichtig·

Wir freuen uns auf _____ Besuch

_____ Safaripark-Team

2 Lies den Text. Unterstreiche alle Nomen grün und alle Personalpronomen blau.

Die großen Ameisenhaufen, die man im Wald sehen kann, sind das Werk der Roten Waldameise. Diese Haufen sind kein wildes Durcheinander von Baumnadeln, Blättern und Stöckchen, sondern hier gibt es viele Gänge, die weit unter die Erde reichen. In einem Ameisenhaufen leben bis zu 100 000 Waldameisen. Man nennt sie zusammen einen Ameisenstaat.
Die Königin kann einen neuen Staat auf unterschiedliche Weise gründen. Oft dringt sie einfach in ein anderes Nest der eigenen Art ein und wird aufgenommen. Häufig aber übernimmt sie das Nest einer anderen Ameisenart.

Förderblatt

Rechtschreiben – Groß-/Kleinschreibung

> Nomen können aus mehreren einzelnen Nomen bestehen.
> Der Artikel des zusammengesetzten Nomens richtet sich immer nach dem zweiten Nomen.

1 Lies den Text. Setze die zusammengesetzten Nomen ein.

| Sonnenhut | Regenschauer | Wintermantel | Sonnenschutz |
| Regenjacke | Wetterfrosch | Sonnenschein | Windstoß |

So ein Wetter!

Heute ist ein verrückter Tag. Erst ziehe ich meine _____ an, denn es gibt einen kräftigen _____. Auf einmal ist warmer _____ und ich brauche einen starken _____.

Jetzt kommt ein _____ und bläst mir den _____ vom Kopf. Nun ist es so kalt, dass ich fast schon einen _____ brauche.

Ob der _____ heute verrückt spielt?

2 Trenne die zusammengesetzten Nomen.
Schreibe beide Nomen mit Artikel auf.

Motorrad: _____ + _____

Straßenbahn: _____ + _____

Lastwagen: _____ + _____

Autoreifen: _____ + _____

Radfahrer: _____ + _____

Zebrastreifen: _____ + _____

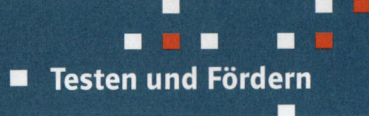

Testen und Fördern

Förderblatt

Rechtschreiben – Groß-/Kleinschreibung

1 Bilde sinnvolle zusammengesetzte Nomen.

| Tod | Gras | Haar | | Tür | Stück | Angst |
| Haus | Kleidung | Geist | + | Breite | Halm | Blitz |

_____

_____

_____

2 Markiere jeweils die Nahtstelle.

3 Unterstreiche die zusammengesetzten Nomen mit Fugen-s oder -es.

> Ob ein Wort mit **-ig** oder **-lich** geschrieben wird, hörst du, wenn du es verlängerst: fröhlich – fröhliche, selig – selige.

4 Unterstreiche alle Wörter mit -ig blau und mit -lich rot.
Schreibe sie heraus.

Eine fleißige Biene findet viel flüssigen Honig.

Die Schule ist aus. Alle Kinder gehen fröhlich nach Hause.

Nach der Wanderung bin ich hungrig und durstig.

Der Hund ist bissig. Deshalb bin ich ängstlich.

Zu Weihnachten sagen viele Kinder artig ein Gedicht auswendig auf.

Null Fehler, alles richtig? Dann bin ich wirklich glücklich.

Förderblatt

Rechtschreiben – Groß-/Kleinschreibung

1 Bilde Adjektive mit -ig oder -lich.

2 Schreibe die Adjektive auf. Markiere -ig und -lich unterschiedlich.

3 Wähle drei Adjektive aus und bilde Wortgruppen.
Schreibe so: *die freundliche Frau*

Lösungsblatt

Rechtschreiben – Groß-/Kleinschreibung

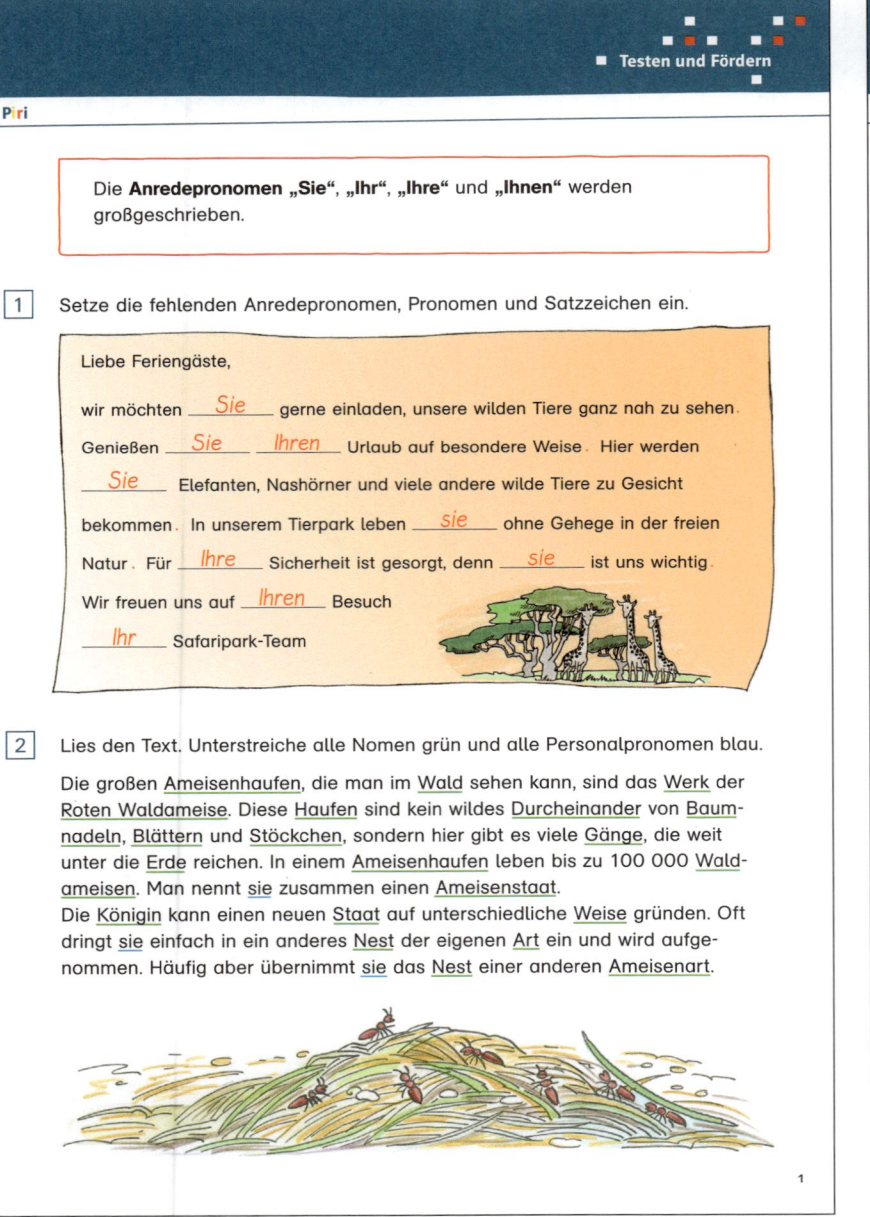

> Nomen können aus mehreren einzelnen Nomen bestehen. Der Artikel des zusammengesetzten Nomens richtet sich immer nach dem zweiten Nomen.

1 Lies den Text. Setze die zusammengesetzten Nomen ein.

| Sonnenhut | Regenschauer | Wintermantel | Sonnenschutz |
| Regenjacke | Wetterfrosch | Sonnenschein | Windstoß |

So ein Wetter!

Heute ist ein verrückter Tag. Erst ziehe ich meine _Regenjacke_ an, denn es gibt einen kräftigen _Regenschauer_. Auf einmal ist wärmer _Sonnenschein_ und ich brauche einen starken _Sonnenschutz_. Jetzt kommt ein _Windstoß_ und bläst mir den _Sonnenhut_ vom Kopf. Nun ist es so kalt, dass ich fast schon einen _Wintermantel_ brauche. Ob der _Wetterfrosch_ heute verrückt spielt?

2 Trenne die zusammengesetzten Nomen. Schreibe beide Nomen mit Artikel auf.

Motorrad:	_der Motor_	+	_das Rad_
Straßenbahn:	_die Straße_	+	_die Bahn_
Lastwagen:	_die Last_	+	_der Wagen_
Autoreifen:	_das Auto_	+	_der Reifen_
Radfahrer:	_das Rad_	+	_der Fahrer_
Zebrastreifen:	_das Zebra_	+	_der Streifen_

> Die **Anredepronomen** „Sie", „Ihr", „Ihre" und „Ihnen" werden großgeschrieben.

1 Setze die fehlenden Anredepronomen, Pronomen und Satzzeichen ein.

Liebe Feriengäste,

wir möchten _Sie_ gerne einladen, unsere wilden Tiere ganz nah zu sehen. Genießen _Sie_ _Ihren_ Urlaub auf besondere Weise. Hier werden _Sie_ Elefanten, Nashörner und viele andere wilde Tiere zu Gesicht bekommen. In unserem Tierpark leben _sie_ ohne Gehege in der freien Natur. Für _Ihre_ Sicherheit ist gesorgt, denn _sie_ ist uns wichtig. Wir freuen uns auf _Ihren_ Besuch_._

Ihr Safaripark-Team

2 Lies den Text. Unterstreiche alle Nomen grün und alle Personalpronomen blau.

Die großen Ameisenhaufen, die man im Wald sehen kann, sind das Werk der Roten Waldameise. Diese Haufen sind kein wildes Durcheinander von Baumnadeln, Blättern und Stöckchen, sondern hier gibt es viele Gänge, die weit unter die Erde reichen. In einem Ameisenhaufen leben bis zu 100 000 Waldameisen. Man nennt sie zusammen einen Ameisenstaat. Die Königin kann einen neuen Staat auf unterschiedliche Weise gründen. Oft dringt sie einfach in ein anderes Nest der eigenen Art ein und wird aufgenommen. Häufig aber übernimmt sie das Nest einer anderen Ameisenart.

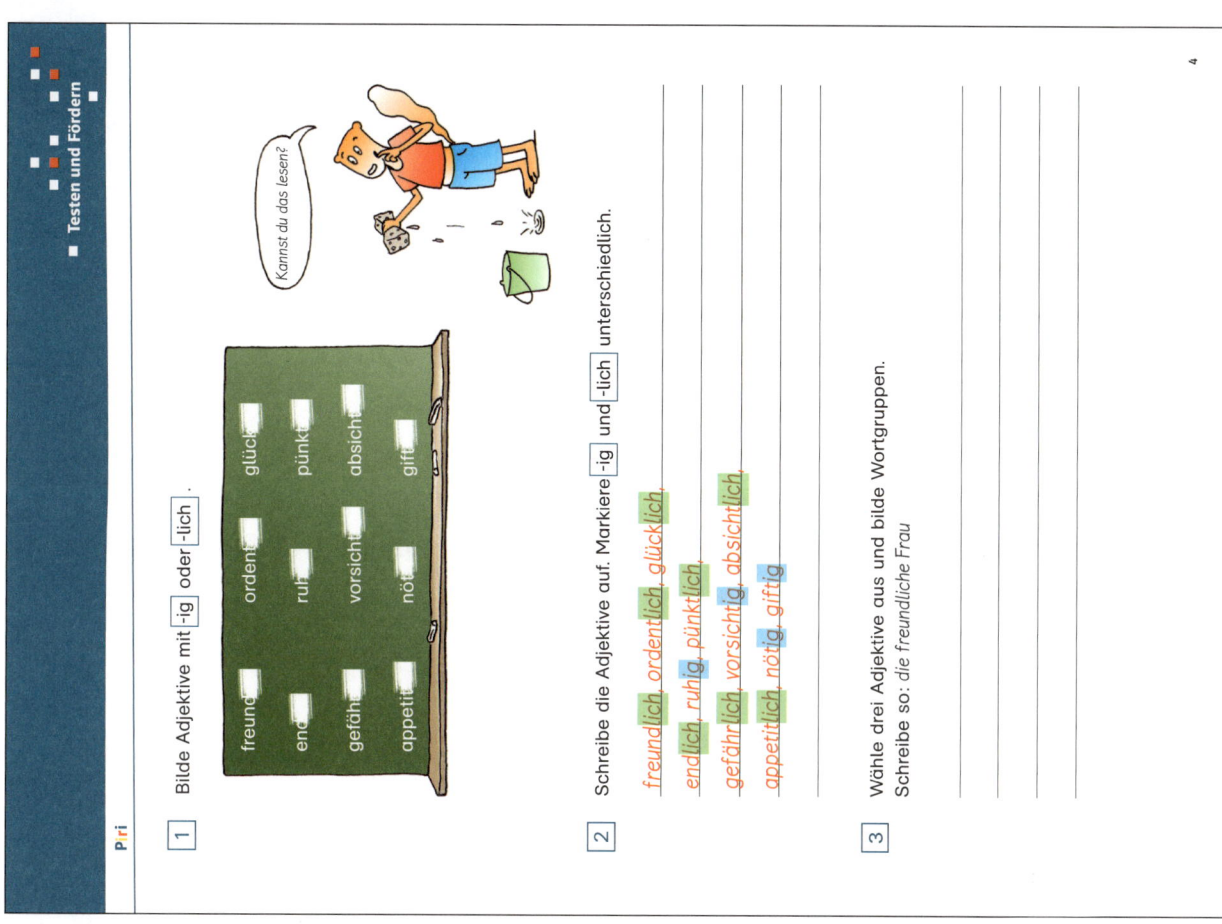

Methodenblatt

Sprachbetrachtung/Grammatik

■ Sprachbetrachtung/Grammatik ■

Das merke ich mir:

Nomen

Gefühle und Gedanken werden auch durch **Nomen** ausgedrückt.
Sie werden wie alle Nomen großgeschrieben und haben Artikel:
der Streit, die Idee, das Glück.

Wörter mit den Endsilben **-heit**, **-keit**, **-nis** und der Endung **-ung** sind ebenfalls
Nomen. Sie können wie alle Nomen in der Einzahl und in der Mehrzahl stehen:
die Erkenntnis – die Erkenntnisse.

Nomen können aus mehreren einzelnen Nomen bestehen.
Der Artikel des **zusammengesetzten Nomens** richtet sich immer
nach dem zweiten Nomen:
das Zimmer + **die** Decke: **die** Zimmerdecke.
Manche zusammengesetzten Nomen werden mit **-s** oder **-es** verbunden:
die Geburt + der Tag: der Geburt**s**tag, der Tag + der Plan: der Tag**es**plan.

Pronomen

Für Nomen kann man **Pronomen (Fürwörter)** einsetzen:
ich, du, er, sie, es, wir, ihr, sie.
Pronomen richten sich **nach dem Artikel** des Nomens:
der Mann – **er**, **die** Frau – **sie**, **das** Kind – **es**, **die** Kinder – **sie**.

Methodenblatt

Sprachbetrachtung/Grammatik

Verben

Verben sagen, was Menschen, Tiere, Pflanzen und Dinge tun.
Verben werden **kleingeschrieben**: reden, ich rede.

Die Bedeutung von Wörtern kann durch Vorsilben verändert werden.
Vorsilben sind zum Beispiel: **ver-**, **ab-**, **ent-**.

Das Verb gibt an, in welcher Zeit etwas geschieht.
Das **Präsens** (die **Gegenwart**) zeigt an, dass etwas jetzt stattfindet:
Er **schreibt**.
Das **Präteritum** (die **einfache Vergangenheit**) zeigt an, dass etwas vor längerer Zeit stattfand:
Er **schrieb**.

Das **Perfekt** (die **vollendete Gegenwart**) zeigt an, dass etwas bereits vorbei ist. Es wird mit den Hilfsverben „haben" oder „sein" gebildet und meist beim mündlichen Erzählen benutzt:
Ich **habe** ein Buch **gelesen**. Er **ist** in die Schule **gegangen**.

Adjektive

Mit Adjektiven kann man vergleichen:
– genauso **weit** wie (Grundstufe)
– **weiter** als (Mehrstufe)
– **am weitesten** (Meiststufe).

Mit den Wortbausteinen **-ig** und **-lich** kannst du aus Nomen Adjektive bilden:
der Sand – s<u>and</u>ig, der Freund – freund<u>lich</u>.
Adjektive werden **kleingeschrieben**.

Methodenblatt

Sprachbetrachtung/Grammatik

Wörtliche Rede

Was man spricht, heißt **wörtliche Rede**.
Man setzt die wörtliche Rede in **Anführungszeichen**.
Der **Begleitsatz** gibt an, wer und wie jemand spricht.
Steht der **Begleitsatz vor der wörtlichen Rede**, wird er durch einen **Doppelpunkt** von der wörtlichen Rede getrennt.
Tim fragt: „Wie spät ist es?"
Steht der **Begleitsatz hinter der wörtlichen Rede**, wird er immer durch ein **Komma** von der wörtlichen Rede getrennt.
„Wie spät ist es?", *fragt Tim.*

Bestimmung der Zeit

Auf die Frage **Wann?**, **Wie lange?** oder **Seit wann?** antwortet die **Bestimmung der Zeit**:
Der Unterricht endet um 13 Uhr.
Wann endet der Unterricht? Der Unterricht endet **um 13 Uhr**.

Bestimmung des Ortes

Auf die Frage **Wo?**, **Woher?** oder **Wohin?** antwortet die **Bestimmung des Ortes**:
Auf der Straße fährt ein Auto.
Wo fährt ein Auto? **Auf der Straße** fährt ein Auto.

Förderblatt

Sprachbetrachtung/Grammatik – Wortarten

> Auch **Gefühle und Gedanken** werden durch **Nomen** ausgedrückt.
> Sie werden wie alle Nomen großgeschrieben und haben Artikel:
> der Streit, die Idee, das Glück.
> Wörter mit den Nachsilben **-heit**, **-keit**, **-nis** und der Endung **-ung** sind auch Nomen. Nomen können in der Einzahl und in der Mehrzahl stehen:
> die Erkenntnis – die Erkenntnisse.

1 Lies die Sätze.
Unterstreiche die Nomen, die Gedanken oder Gefühle ausdrücken.

Ich habe keine Lust, mein Zimmer aufzuräumen.

Vor Freude über das schöne Geschenk musste Mama weinen.

Murat hatte bei der letzten Klassenarbeit mehr Glück als Verstand.

Wir können froh sein, dass wir Hunger und Durst nicht wirklich kennen.

Vitali hat große Angst vor Spinnen.

Vorsicht im Straßenverkehr ist sehr wichtig.

> Nomen können aus mehreren einzelnen Nomen bestehen.
> Der Artikel des zusammengesetzten Nomens richtet sich immer nach dem zweiten Nomen.

2 Setze die Nomen sinnvoll zusammen. Schreibe sie mit Artikel dahinter.

der Baum	•	•	der Schirm	: _____
der Regen	•	•	das Haus	: _____
der Winter	•	•	der Fahrer	: _____
das Rad	•	•	der Mantel	: _____

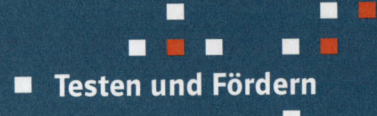

Förderblatt

Sprachbetrachtung/Grammatik – Wortarten

Für Nomen kann man **Pronomen (Fürwörter)** einsetzen:
ich, du, er, sie, es, wir, ihr, sie.
Pronomen richten sich **nach dem Artikel** des Nomens:
der Mann – **er**, **die** Frau – **sie**, **das** Kind – **es**, **die** Kinder – **sie**.
Mit Pronomen kann man Wortwiederholungen vermeiden.

---

1 Setze in die Textlücken die entsprechenden Personalpronomen ein!

| er | wir | sie | es | er | sie | sie | ich | es |

Susi und Hakan sind Freunde. _____ gehen in dieselbe Klasse.

Heute ist Hakan ärgerlich. _____ hat sein Lesebuch vergessen.

_____ liegt zu Hause auf seinem Schreibtisch. Susi will ihm helfen.

_____ gibt ihm ihr Buch. Aber _____ will _____ nicht. Da ist Susi traurig.

_____ sagt: „_____ dachte, _____ wären Freunde!"

Verben sagen, was Menschen, Tiere, Pflanzen und Dinge tun.
Verben werden **kleingeschrieben**.

---

2 Schreibe die Verben in der richtigen Personalform in die Lücken.

Lena _____ in die Klasse 3c. In den Ferien _____

sie oft nach Bayern. Da _____ ihre Großeltern.

Lena _____ gern bunte Bilder.

Wenn das Wetter schön ist, _____ sie auf Bäume.

Abends im Bett _____ Lena noch ein bisschen in ihrem

dicken Buch.

| reisen |
| gehen |
| lesen |
| klettern |
| wohnen |
| malen |

Förderblatt

Sprachbetrachtung/Grammatik – Wortarten

> Das Verb gibt an, in welcher Zeit etwas geschieht.
> Das **Präsens** (die **Gegenwart**) zeigt an,
> dass etwas jetzt stattfindet: Er **schreibt**.
> Das **Präteritum** (die **einfache Vergangenheit**) zeigt an,
> dass etwas vor längerer Zeit stattfand: Er **schrieb**.

1 Suche jeweils zur Personalform im Präsens die passende Personalform im Präteritum. Verbinde.

ich fange	1		I	wir kamen		er findet	6		G	du pfiffst
wir kommen	2		C	du fingst		du pfeifst	7		G	wir fanden
du fängst	3		R	ich fing		wir finden	8		I	er fand
ihr sprecht	4		T	sie kam		ihr singt	9		T	ich pfiff
sie kommt	5		H	ihr spracht		ich pfeife	10		U	ihr sangt

2 Die Buchstaben ergeben richtig geordnet ein Lösungswort:

__ __ __ __ __ __ __   __ __ __ !
1 2 3 4 5 6 7   8 9 10

3 Suche dir drei Verben aus. Schreibe jeweils alle Personalformen des Verbs im Präsens untereinander auf. Schreibe daneben die Formen im Präteritum.

_____

_____

_____

_____

_____

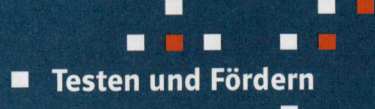

Testen und Fördern

Förderblatt

Sprachbetrachtung/Grammatik – Wortarten

> Das **Perfekt** (die **vollendete Gegenwart**) zeigt an, dass etwas bereits vorbei ist. Es wird mit den Hilfsverben „haben" oder „sein" gebildet und meist beim mündlichen Erzählen benutzt:
> Ich **habe** ein Buch **gelesen**. Er **ist** in die Schule **gegangen**.

1 Ergänze die Tabelle.

Präsens	Präteritum	Perfekt
sie essen	sie aßen	sie haben gegessen
ihr	ihr	ihr habt getrunken
ich	ich schlief	ich
er	er	er ist gegangen
du fliegst	du	du
ich	ich rief	ich
ihr liegt	ihr	ihr

> Mit Adjektiven kann man vergleichen:
> – genauso **weit** wie … (Grundstufe)
> – **weiter** als … (Mehrstufe)
> – **am weitesten** … (Meiststufe).

2 Setze die Adjektive in der richtigen Vergleichsstufe ein.

Ist Schneewittchen so _____ wie die Königin?

Nein, Schneewittchen ist _____ als die Königin.

schön

Ist Goldmarie so _____ wie Pechmarie?

Nein, Goldmarie ist _____ als Pechmarie.

fleißig

Ist die Großmutter so _____ wie Rotkäppchen?

Nein, die Großmutter ist _____ als Rotkäppchen.

alt

Lösungsblatt

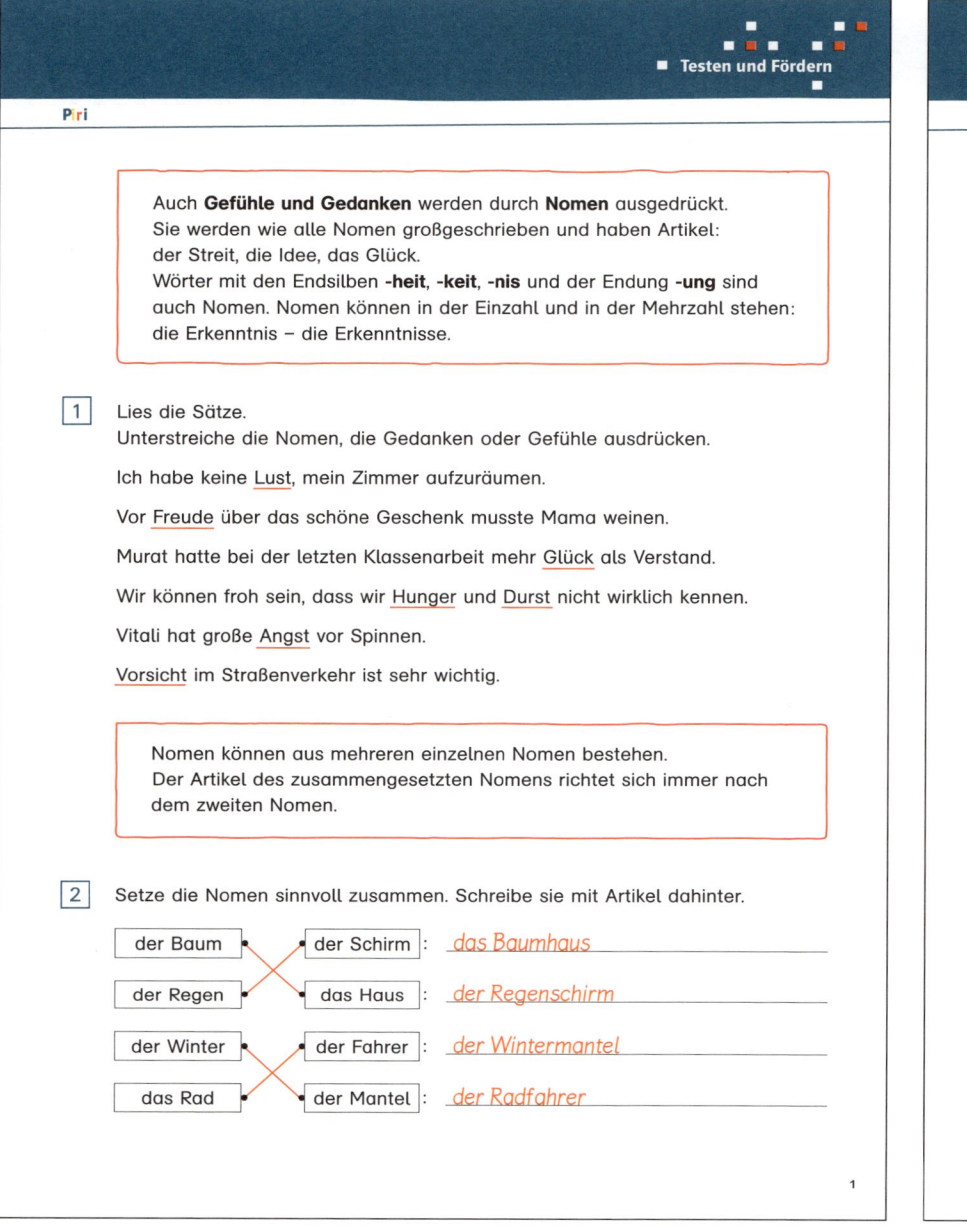

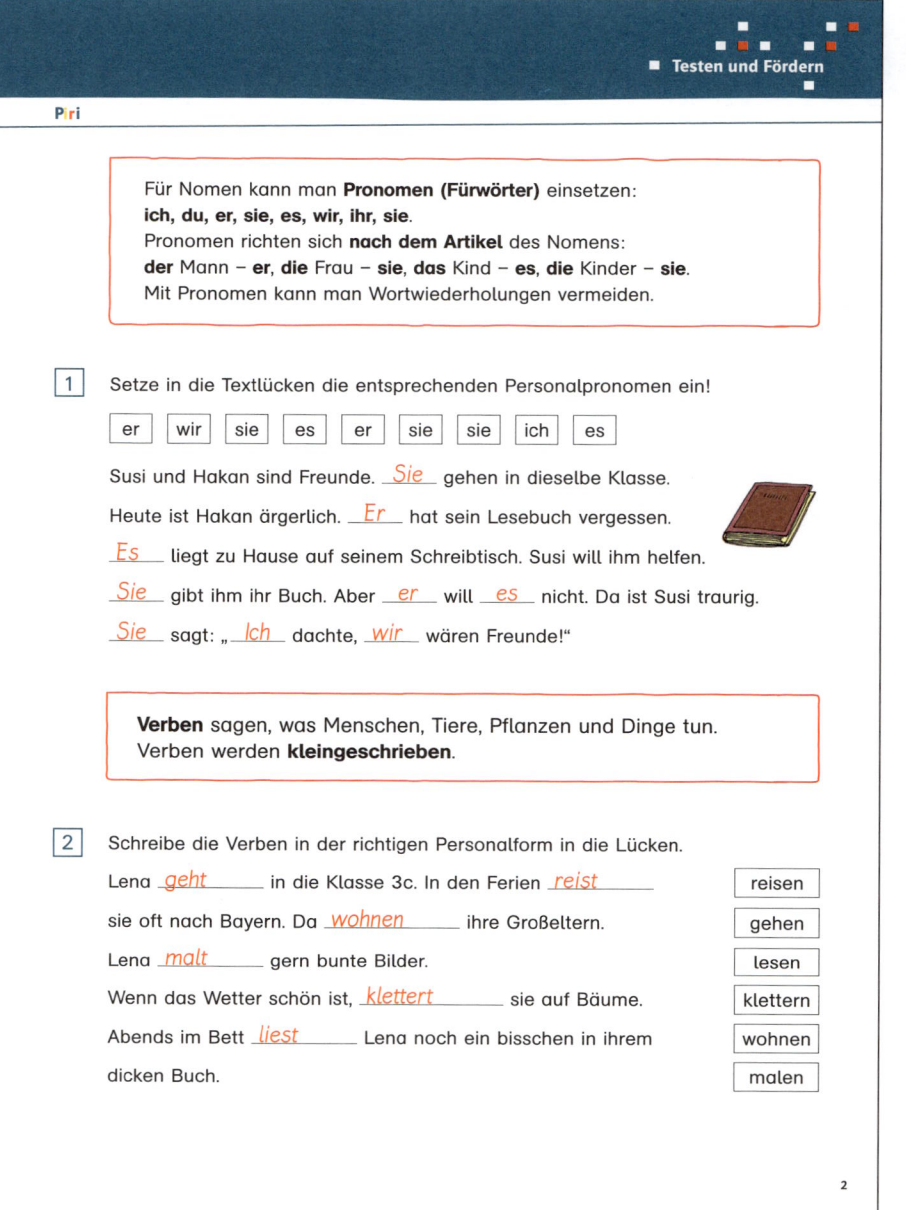

Sprachbetrachtung/Grammatik – Wortarten

Piri

Auch **Gefühle und Gedanken** werden durch **Nomen** ausgedrückt.
Sie werden wie alle Nomen großgeschrieben und haben Artikel:
der Streit, die Idee, das Glück.
Wörter mit den Endsilben **-heit**, **-keit**, **-nis** und der Endung **-ung** sind auch Nomen. Nomen können in der Einzahl und in der Mehrzahl stehen: die Erkenntnis – die Erkenntnisse.

1 Lies die Sätze.
Unterstreiche die Nomen, die Gedanken oder Gefühle ausdrücken.

Ich habe keine <u>Lust</u>, mein Zimmer aufzuräumen.
Vor <u>Freude</u> über das schöne Geschenk musste Mama weinen.
Murat hatte bei der letzten Klassenarbeit mehr <u>Glück</u> als Verstand.
Wir können froh sein, dass wir <u>Hunger</u> und <u>Durst</u> nicht wirklich kennen.
Vitali hat große <u>Angst</u> vor Spinnen.
<u>Vorsicht</u> im Straßenverkehr ist sehr wichtig.

Nomen können aus mehreren einzelnen Nomen bestehen.
Der Artikel des zusammengesetzten Nomens richtet sich immer nach dem zweiten Nomen.

2 Setze die Nomen sinnvoll zusammen. Schreibe sie mit Artikel dahinter.

der Baum — der Schirm : *das Baumhaus*
der Regen — das Haus : *der Regenschirm*
der Winter — der Fahrer : *der Wintermantel*
das Rad — der Mantel : *der Radfahrer*

Piri

Für Nomen kann man **Pronomen (Fürwörter)** einsetzen:
ich, du, er, sie, es, wir, ihr, sie.
Pronomen richten sich **nach dem Artikel** des Nomens:
der Mann – **er**, **die** Frau – **sie**, **das** Kind – **es**, **die** Kinder – **sie**.
Mit Pronomen kann man Wortwiederholungen vermeiden.

1 Setze in die Textlücken die entsprechenden Personalpronomen ein!

| er | wir | sie | es | er | sie | sie | ich | es |

Susi und Hakan sind Freunde. *Sie* gehen in dieselbe Klasse.
Heute ist Hakan ärgerlich. *Er* hat sein Lesebuch vergessen.
Es liegt zu Hause auf seinem Schreibtisch. Susi will ihm helfen.
Sie gibt ihm ihr Buch. Aber *er* will *es* nicht. Da ist Susi traurig.
Sie sagt: „*Ich* dachte, *wir* wären Freunde!"

Verben sagen, was Menschen, Tiere, Pflanzen und Dinge tun.
Verben werden **kleingeschrieben**.

2 Schreibe die Verben in der richtigen Personalform in die Lücken.

| reisen | gehen | lesen | klettern | wohnen | malen |

Lena *geht* in die Klasse 3c. In den Ferien *reist*
sie oft nach Bayern. Da *wohnen* ihre Großeltern.
Lena *malt* gern bunte Bilder.
Wenn das Wetter schön ist, *klettert* sie auf Bäume.
Abends im Bett *liest* Lena noch ein bisschen in ihrem
dicken Buch.

© Ernst Klett Verlag GmbH, Stuttgart 2012. Alle Rechte vorbehalten.
Piri 4 Testen und Fördern

Lösungsblatt

Sprachbetrachtung/Grammatik – Wortarten

Das Verb gibt an, in welcher Zeit etwas geschieht.
Das **Präsens** (die **Gegenwart**) zeigt an, dass etwas jetzt stattfindet: Er **schreibt**.
Das **Präteritum** (die **einfache Vergangenheit**) zeigt an, dass etwas vor längerer Zeit stattfand: Er **schrieb**.

1 Suche jeweils zur Personalform im Präsens die passende Personalform im Präteritum. Verbinde.

(1) ich fange — (I) wir kamen — er findet — (G) du pfiffst
(2) wir kommen — (C) du fingst — du pfeifst — (G) wir fanden
(3) du fängst — (R) ich fing — wir finden — (I) er fand
(4) ihr sprecht — (T) sie kam — ihr singt — (T) ich pfiff
(5) sie kommt — (H) ihr spracht — ich pfeife — (U) ihr sangt

2 Die Buchstaben ergeben richtig geordnet ein Lösungswort:

R I C H T I G G U T !
1 2 3 4 5 6 7 8 9 10

3 Suche dir drei Verben aus. Schreibe jeweils alle Personalformen des Verbs im Präsens untereinander auf. Schreibe daneben die Formen im Präteritum.

Das **Perfekt** (die **vollendete Gegenwart**) zeigt an, dass etwas bereits vorbei ist. Es wird mit den Hilfsverben „haben" oder „sein" gebildet und meist beim mündlichen Erzählen benutzt:
Ich **habe** ein Buch **gelesen**. Er **ist** in die Schule **gegangen**.

1 Ergänze die Tabelle.

Präsens	Präteritum	Perfekt
sie essen	sie aßen	sie haben gegessen
ihr *trinkt*	ihr *trankt*	ihr habt getrunken
ich *schlafe*	ich schlief	ich *habe geschlafen*
er *geht*	er *ging*	er ist gegangen
du fliegst	du *flogst*	du *bist geflogen*
ich *rufe*	ich rief	ich *habe gerufen*
ihr liegt	ihr *lagt*	ihr habt gelegen

Mit Adjektiven kann man vergleichen:
– genauso **weit** wie … (Grundstufe)
– **weiter** als … (Mehrstufe)
– **am weitesten** … (Meiststufe).

2 Setze die Adjektive in der richtigen Vergleichsstufe ein.

Ist Schneewittchen so *schön* wie die Königin?
Nein, Schneewittchen ist *schöner* als die Königin. | schön |

Ist Goldmarie so *fleißig* wie Pechmarie?
Nein, Goldmarie ist *fleißiger* als Pechmarie. | fleißig |

Ist die Großmutter so *alt* wie Rotkäppchen?
Nein, die Großmutter ist *älter* als Rotkäppchen. | alt |

Förderblatt

Testen und Fördern

Sprachbetrachtung/Grammatik – Satzarten

> Was man spricht, heißt **wörtliche Rede**.
> In Texten setzt man die wörtliche Rede in **Anführungszeichen**.
> Der **Begleitsatz** gibt an, wer und wie jemand spricht.
> Steht der **Begleitsatz vor der wörtlichen Rede**, wird er durch einen **Doppelpunkt** von der wörtlichen Rede getrennt.
> *Tim fragt*: „Wie spät ist es?"
> Steht der **Begleitsatz hinter der wörtlichen Rede**, wird er immer durch ein **Komma** von der wörtlichen Rede getrennt.
> „Wie spät ist es?", *fragt Tim.*

1 Lies die wörtliche Rede. Achte auf eine passende Betonung.

2 Bilde passende nachgestellte Begleitsätze. Verbinde.

Meine Beute wird umschlängelt	säuseln	der Vogel
Vor mir haben viele Tiere Angst	zwitschern	die Schlange
Ich bin ein Federgewicht	brüllen	der Schmetterling
Im kalten Ozean fühle ich mich wohl	hauchen	der Tiger
Auf dem Baum singe ich am liebsten	blubbern	der Wal

3 Schreibe die wörtliche Rede und die nachgestellten Begleitsätze auf.
Setze die fehlenden Satzzeichen.

_____

_____

_____

_____

_____

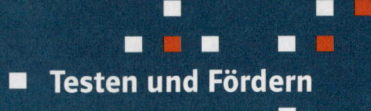

Förderblatt

Sprachbetrachtung/Grammatik – Satzarten

1 Ergänze alle Satzzeichen.

Der Vogel zwitschert ▢   ▢ Im Frühling fange ich an zu flöten ▢▢

Der Musiklehrer kündigt an ▢   ▢ Ich begleite euch auf der Gitarre ▢▢

Die Sopranistin säuselt ▢   ▢ Ich singe gern in der Semperoper ▢▢

Der Chor stimmt an ▢   ▢ Hoch auf dem gelben Wagen ▢▢

Die Popband ruft ▢   ▢ Wir lieben unsere Fans ▢▢

Aus dem Radio schallt es ▢   ▢ Jetzt kommt ein Lied der Beatles ▢▢

2 Schreibe die Sätze mit nachgestellten Begleitsätzen auf.

3 Unterstreiche den Begleitsatz und die wörtliche Rede unterschiedlich.

_____
_____
_____
_____
_____
_____
_____

Förderblatt

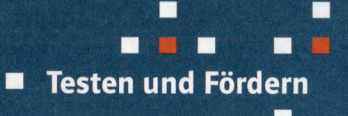

Sprachbetrachtung/Grammatik – Satzarten

1. Unterstreiche farbig: wörtliche Rede rot, vorangestellter Begleitsatz blau, nachgestellter Begleitsatz grün.

   Die Lehrerin kündigt an   Wir werden morgen einen Test schreiben
   Jens meldet sich   Kommen nur Wörter mit Dehnungs-h darin vor
   Ja, denn das haben wir in den letzten Tagen gut geübt   antwortet die Lehrerin

2. Setze die Satzzeichen.

3. Unterstreiche farbig: wörtliche Rede rot, vorangestellter Begleitsatz blau.

   Theo sagt   Mathe ist mein Lieblingsfach
   Hanna schwärmt   Ich freue mich immer auf die Sportstunden
   Lotte ergänzt   Mir gefällt eigentlich alles in der Schule
   Mirco sagt kleinlaut   Also, mir sind die Pausen am liebsten

4. Setze die Satzzeichen.

5. Schreibe die Sätze aus Aufgabe 3 mit nachgestelltem Begleitsatz auf.

   _____
   _____
   _____
   _____
   _____

6. Setze die Satzzeichen.

Lösungsblatt

Sprachbetrachtung/Grammatik – Satzarten

Piri

Was man spricht, heißt **wörtliche Rede**.
In Texten setzt man die wörtliche Rede in **Anführungszeichen**.
Der **Begleitsatz** gibt an, wer und wie jemand spricht.
Steht der **Begleitsatz vor der wörtlichen Rede**, wird er durch einen **Doppelpunkt** von der wörtlichen Rede getrennt.
Tim fragt: „Wie spät ist es?"
Steht der **Begleitsatz hinter der wörtlichen Rede**, wird er immer durch ein **Komma** von der wörtlichen Rede getrennt.
„Wie spät ist es?", fragt Tim.

1 Lies die wörtliche Rede. Achte auf eine passende Betonung.

2 Bilde passende nachgestellte Begleitsätze. Verbinde.

Meine Beute wird umschlängelt	säuseln
Vor mir haben viele Tiere Angst	zwitschern
Ich bin ein Federgewicht	brüllen
Im kalten Ozean fühle ich mich wohl	hauchen
Auf dem Baum singe ich am liebsten	blubbern

der Vogel
die Schlange
der Schmetterling
der Tiger
der Wal

3 Schreibe die wörtliche Rede und die nachgestellten Begleitsätze auf. Setze die fehlenden Satzzeichen.

„Meine Beute wird umschlängelt", haucht die Schlange.
„Vor mir haben viele Tiere Angst", brüllt der Tiger.
„Ich bin ein Federgewicht", säuselt der Schmetterling.
„Im kalten Ozean fühle ich mich wohl", blubbert der Wal.
„Auf dem Baum singe ich am liebsten", zwitschert der Vogel.

---

1 Ergänze alle Satzzeichen.

Der Vogel zwitschert **:**	**"** Im Frühling fange ich an zu flöten **"**
Der Musiklehrer kündigt an **:**	**"** Ich begleite euch auf der Gitarre **"**
Die Sopranistin säuselt **:**	**"** Ich singe gern in der Semperoper **"**
Der Chor stimmt an **:**	**"** Hoch auf dem gelben Wagen **"**
Die Popband ruft **:**	**"** Wir lieben unsere Fans **!"**
Aus dem Radio schallt es **:**	**"** Jetzt kommt ein Lied der Beatles **"**

2 Schreibe die Sätze mit nachgestellten Begleitsätzen auf.

3 Unterstreiche den Begleitsatz und die wörtliche Rede unterschiedlich.

„Im Frühling fange ich an zu flöten", zwitschert der Vogel.
„Ich begleite euch auf der Gitarre", kündigt der Musiklehrer an.
„Ich singe gern in der Semperoper", säuselt die Sopranistin.
„Hoch auf dem gelben Wagen", stimmt der Chor an.
„Wir lieben unsere Fans!", ruft die Popband.
„Jetzt kommt ein Lied der Beatles", schallt es aus dem Radio.

© Ernst Klett Verlag GmbH, Stuttgart 2012. Alle Rechte vorbehalten.
Piri 4 Testen und Fördern

Lösungsblatt

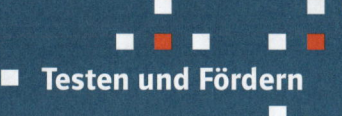

Sprachbetrachtung/Grammatik – Satzarten

1 Unterstreiche farbig: wörtliche Rede rot, vorangestellter Begleitsatz blau, nachgestellter Begleitsatz grün.

Die Lehrerin kündigt an: „Wir werden morgen einen Test schreiben."
Jens meldet sich: „Kommen nur Wörter mit Dehnungs-h darin vor?"
„Ja, denn das haben wir in den letzten Tagen gut geübt", antwortet die Lehrerin.

2 Setze die Satzzeichen.

3 Unterstreiche farbig: wörtliche Rede rot, vorangestellter Begleitsatz blau.

Theo sagt: „Mathe ist mein Lieblingsfach."
Hanna schwärmt: „Ich freue mich immer auf die Sportstunden."
Lotte ergänzt: „Mir gefällt eigentlich alles in der Schule."
Mirco sagt kleinlaut: „Also, mir sind die Pausen am liebsten."

4 Setze die Satzzeichen.

5 Schreibe die Sätze aus Aufgabe 3 mit nachgestelltem Begleitsatz auf.

„Mathe ist mein Lieblingsfach", sagt Theo.
„Ich freue mich immer auf die Sportstunden", schwärmt Hanna.
„Mir gefällt eigentlich alles in der Schule", ergänzt Lotte.
„Also, mir sind die Pausen am liebsten", sagt Mirco kleinlaut.

6 Setze die Satzzeichen.

Testen und Fördern

Förderblatt

Sprachbetrachtung/Grammatik – Satzglieder

> Ein Satz setzt sich aus **Satzgliedern** zusammen. Satzglieder bestehen aus einem Wort oder mehreren Wörtern. Die Wörter eines Satzgliedes bleiben beim Umstellen immer zusammen.

1 Stelle den Satz um. Jedes Satzglied soll einmal am Satzanfang stehen.

Lisa erzählt aufgeregt von einem Ausflug in den Zoo.

Sie hat im Zoo viele Tiere gesehen.

Am besten hat ihr der Streichelzoo gefallen.

Sie hat dort kleine Ziegen gefüttert.

> Auf die Frage **Wer?** oder **Was?** antwortet das **Subjekt** (der Satzgegenstand): Im Wald leben viele Tiere.
> **Wer** lebt im Wald? Im Wald leben **viele Tiere**.

2 Erfrage in diesen Sätzen das Subjekt. Unterstreiche es.

Hänsel streut Brotkrumen auf den Weg.

Die Vögel fressen die Krumen auf.

Gretel kann den Weg nach Hause nicht mehr finden.

Aus einem Hexenhaus guckt eine böse, alte Hexe heraus.

Hänsel und Gretel überlisten die Hexe und kommen wieder nach Hause.

3 Schreibe die Sätze mit den richtigen Subjekten auf.

_____ versteckt im Herbst seine Vorräte. | der Igel |

In einem Bau unter der Erde lebt _____. | der Specht |

_____ baut sich ein Nest im Stamm. | das Eichhörnchen |

Bei Gefahr rollt sich _____ zusammen. | der Fuchs |

Förderblatt

Sprachbetrachtung/Grammatik – Satzglieder

> Auf die Frage **Was tut jemand?** oder **Was geschieht?** antwortet das **Prädikat** (die Satzaussage).
> Die Katze spielt mit dem Ball.
> **Was tut** die Katze? Die Katze **spielt** mit dem Ball.

> Das Prädikat kann auch aus zwei Verben bestehen:
> Lotta will eine Katze streicheln.
> **Was tut** Lotta? Lotta **will** eine Katze **streicheln**.
> Der Vater liest eine Geschichte vor.
> **Was tut** der Vater? Der Vater **liest** eine Geschichte **vor**.

1 Setze die Prädikate in die passende Lücke.

| hochhüpfen | sitzen | herabfallen | öffnen | mitnehmen | klopfen | werfen |

Die Königstochter _____ am Esstisch.

Der Frosch _____ die Schlosstreppe _____.

Er _____ an die Tür.

Die Königstochter _____ die große Tür.

Sie _____ den Frosch _____ in ihr Schlafzimmer.

Wutentbrannt _____ sie ihn gegen die Wand.

Ein wunderschöner Königssohn _____ _____.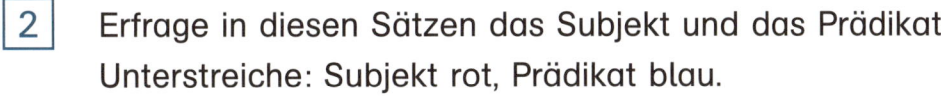

2 Erfrage in diesen Sätzen das Subjekt und das Prädikat.
Unterstreiche: Subjekt rot, Prädikat blau.

Der goldene Ball fällt in den tiefen Brunnen.

Bitterlich weint die Königstochter.

Dann taucht der Frosch in den Brunnen.

Die Königstochter vergisst ihr Versprechen.

Was tut der Frosch nun?

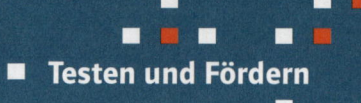

Testen und Fördern

Förderblatt

Sprachbetrachtung/Grammatik – Satzglieder

1 Erfrage jeweils das Prädikat. Unterstreiche es.

Fußball spielen

In der Pause spielen wir wieder Fußball.

Wir rennen schnell auf den Pausenhof.

Murat besetzt das Tor. Er ist unser Torwart.

Die andere Mannschaft hat einen guten Stürmer.

Aber Murat hält heute wieder alle Bälle.

Ich schieße ein Tor. Super!

Morgen beginnt dann die zweite Halbzeit.

2 Schreibe die Prädikate in der Grundform untereinander auf.

_____

_____

_____

_____

_____

_____

_____

_____

_____

3 Bilde mit den Prädikaten neue Sätze. Schreibe sie daneben.
Schreibe so: *spielen: Ich spiele gern mit meinem Bruder.*

4 Unterstreiche die Prädikate.

Förderblatt

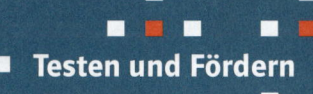

Sprachbetrachtung/Grammatik – Satzglieder

> Auf die Frage **Wann?**, **Wie lange?** oder **Seit wann?** antwortet die **Bestimmung der Zeit**: Der Unterricht endet um 13 Uhr.
> **Wann** endet der Unterricht? Der Unterricht endet **um 13 Uhr**.

1 Erfrage und unterstreiche die Bestimmung der Zeit.

Mias Tagesablauf

Morgens fällt mir das Aufstehen schwer.

Vormittags verbringe ich die Zeit in der Schule.

Mittags kocht Mama für meinen Bruder und mich.

Unser Dackel Floh muss nachmittags ausgeführt werden.

Die ganze Familie sitzt abends am Esstisch.

Danach gehen wir Kinder schlafen.

2 Schreibe die Bestimmungen der Zeit heraus.

_____

_____

3 Wie hättest du deinen Tagesablauf am liebsten?
Schreibe auf. Verwende dabei die Bestimmungen der Zeit.

_____

_____

_____

_____

_____

Förderblatt

Sprachbetrachtung/Grammatik – Satzglieder

> Auf die Frage **Wo?**, **Woher?** oder **Wohin?** antwortet
> die **Bestimmung des Ortes**: Auf der Straße fährt ein Auto.
> **Wo** fährt ein Auto? **Auf der Straße** fährt ein Auto.

1 Kennst du dich in Europa aus? Ergänze die Lücken.

In den _____ werden viele Tulpen angebaut.

Der Pariser Eiffelturm steht in _____ . | Frankreich |

Die Städte Hamburg und Leipzig liegen in _____ . | Italien |

Prima Ski fahren kannst du in _____ . | Österreich |

Den Fünf-Uhr-Tee gibt es in _____ . | Niederlanden |

In _____ gibt es mittags häufig Pasta und Pizza. | Deutschland |

Wenn du Legoland Billund besuchen möchtest, | Dänemark |

musst du nach _____ fahren. | England |

2 Unterstreiche die Bestimmungen des Ortes.

3 Setze die Bestimmungen der Zeit sinnvoll ein.

_____ stehe ich auf. | nach dem Frühstück |

Die Zähne putze ich mir _____ . | gleich |

Nun aber schnell, der Schulbus fährt _____ los. | nach 20 Minuten |

_____ hält der Bus vor der Schule. | morgens |

4 Erfrage die Bestimmungen des Ortes! Unterstreiche sie!

Der Eiffelturm steht in Paris.
Mickey Maus kommt aus Amerika.
Auf dem Hof laufen viele Hühner.
Der Mähdrescher fährt über das Feld.
In der Turnhalle ist mittwochs Turnen.
Wollen wir in meinem Zimmer spielen?

Lösungsblatt

Sprachbetrachtung/Grammatik – Satzglieder

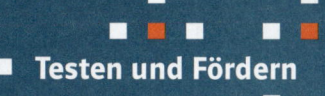

Piri

Auf die Frage **Was tut jemand?** oder **Was geschieht?** antwortet das **Prädikat** (die Satzaussage).
Die Katze spielt mit dem Ball.
Was tut die Katze? Die Katze **spielt** mit dem Ball.

Das Prädikat kann auch aus zwei Verben bestehen:
Lotta will eine Katze streicheln.
Was tut Lotta? Lotta **will** eine Katze **streicheln**.
Der Vater liest eine Geschichte vor.
Was tut der Vater? Der Vater **liest** eine Geschichte **vor**.

1 Setze die Prädikate in die passende Lücke.

| hochhüpfen | sitzen | herabfallen | öffnen | mitnehmen | klopfen | werfen |

Die Königstochter *sitzt* am Esstisch.
Der Frosch *hüpft* die Schlosstreppe *hoch*.
Er *klopft* an die Tür.
Die Königstochter *öffnet* die große Tür.
Sie *nimmt* den Frosch *mit* in ihr Schlafzimmer.
Wutentbrannt *wirft* sie ihn gegen die Wand.
Ein wunderschöner Königssohn *fällt herab*.

2 Erfrage in diesen Sätzen das Subjekt und das Prädikat.
Unterstreiche: Subjekt rot, Prädikat blau.
Der goldene Ball fällt in den tiefen Brunnen.
Bitterlich weint die Königstochter.
Dann taucht der Frosch in den Brunnen.
Die Königstochter vergisst ihr Versprechen.
Was tut der Frosch nun?

Piri

Ein Satz setzt sich aus **Satzgliedern** zusammen. Satzglieder bestehen aus einem Wort oder mehreren Wörtern. Die Wörter eines Satzgliedes bleiben beim Umstellen immer zusammen.

1 Stelle den Satz um. Jedes Satzglied soll einmal am Satzanfang stehen.
Lisa erzählt aufgeregt von einem Ausflug in den Zoo.
Sie hat im Zoo viele Tiere gesehen.
Am besten hat ihr der Streichelzoo gefallen.
Sie hat dort kleine Ziegen gefüttert.

Auf die Frage **Wer?** oder **Was?** antwortet das **Subjekt** (der Satzgegenstand): Im Wald leben viele Tiere.
Wer lebt im Wald? Im Wald leben **viele Tiere**.

2 Erfrage in diesen Sätzen das Subjekt. Unterstreiche es.
Hänsel streut Brotkrumen auf den Weg.
Die Vögel fressen die Krumen auf.
Gretel kann den Weg nach Hause nicht mehr finden.
Aus einem Hexenhaus guckt eine böse, alte Hexe heraus.
Hänsel und Gretel überlisten die Hexe und kommen wieder nach Hause.

3 Schreibe die Sätze mit den richtigen Subjekten auf.

| der Igel | der Specht | das Eichhörnchen | der Fuchs |

Das Eichhörnchen versteckt im Herbst seine Vorräte.
In einem Bau unter der Erde lebt *der Fuchs*.
Der Specht baut sich ein Nest im Stamm.
Bei Gefahr rollt sich *der Igel* zusammen.

© Ernst Klett Verlag GmbH, Stuttgart 2012. Alle Rechte vorbehalten.
Piri 4 Testen und Fördern

Lösungsblatt

Sprachbetrachtung/Grammatik – Satzglieder

Auf die Frage **Wann?**, **Wie lange?** oder **Seit wann?** antwortet die **Bestimmung der Zeit**: Der Unterricht endet um 13 Uhr. **Wann** endet der Unterricht? Der Unterricht endet **um 13 Uhr**.

1 Erfrage und unterstreiche die Bestimmung der Zeit.

Mias Tagesablauf

<u>Morgens</u> fällt mir das Aufstehen schwer.
<u>Vormittags</u> verbringe ich die Zeit in der Schule.
<u>Mittags</u> kocht Mama für meinen Bruder und mich.
Unser Dackel Floh muss <u>nachmittags</u> ausgeführt werden.
Die ganze Familie sitzt <u>abends</u> am Esstisch.
<u>Danach</u> gehen wir Kinder schlafen.

2 Schreibe die Bestimmungen der Zeit heraus.

morgens, vormittags, mittags, nachmittags, abends, danach

3 Wie hättest du deinen Tagesablauf am liebsten? Schreibe auf. Verwende dabei die Bestimmungen der Zeit.

---

1 Erfrage jeweils das Prädikat. Unterstreiche es.

Fußball spielen

In der Pause <u>spielen</u> wir wieder Fußball.
Wir <u>rennen</u> schnell auf den Pausenhof.
Murat <u>besetzt</u> das Tor. Er <u>ist</u> unser Torwart.
Die andere Mannschaft <u>hat</u> einen guten Stürmer.
Aber Murat <u>hält</u> heute wieder alle Bälle.
Ich <u>schieße</u> ein Tor. Super!
Morgen <u>beginnt</u> dann die zweite Halbzeit.

2 Schreibe die Prädikate in der Grundform untereinander auf.

spielen
rennen
besetzen
sein
haben
halten
schießen
beginnen

3 Bilde mit den Prädikaten neue Sätze. Schreibe sie daneben. Schreibe so: *spielen: Ich spiele gern mit meinem Bruder.*

4 Unterstreiche die Prädikate.

Lösungsblatt

Sprachbetrachtung/Grammatik – Satzglieder

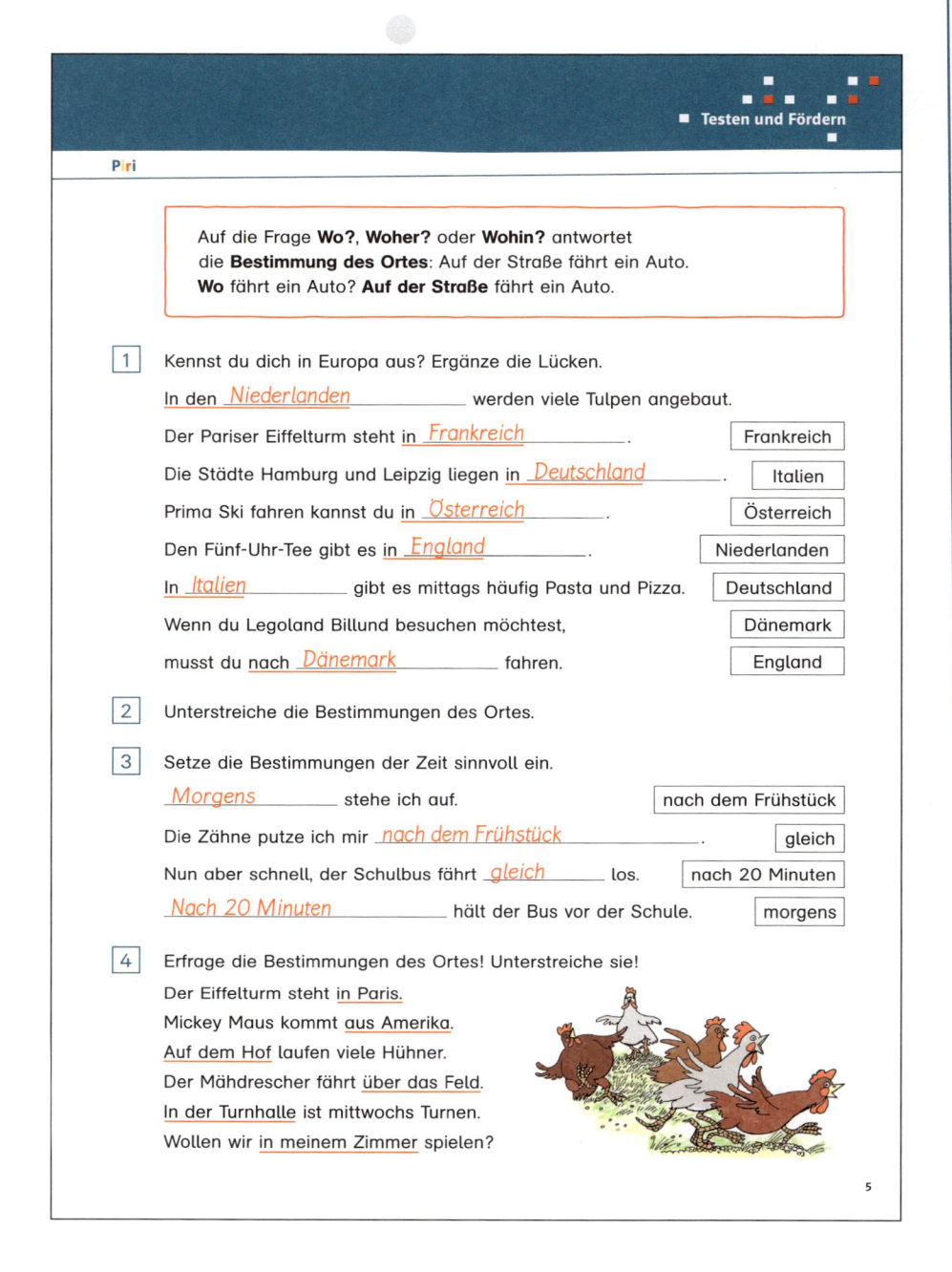

Piri

Auf die Frage **Wo?**, **Woher?** oder **Wohin?** antwortet die **Bestimmung des Ortes**: Auf der Straße fährt ein Auto.
Wo fährt ein Auto? **Auf der Straße** fährt ein Auto.

1 Kennst du dich in Europa aus? Ergänze die Lücken.

In den _Niederlanden_ werden viele Tulpen angebaut.
Der Pariser Eiffelturm steht in _Frankreich_.
Die Städte Hamburg und Leipzig liegen in _Deutschland_.
Prima Ski fahren kannst du in _Österreich_.
Den Fünf-Uhr-Tee gibt es in _England_.
In _Italien_ gibt es mittags häufig Pasta und Pizza.
Wenn du Legoland Billund besuchen möchtest, musst du nach _Dänemark_ fahren.

2 Unterstreiche die Bestimmungen des Ortes.

3 Setze die Bestimmungen der Zeit sinnvoll ein.

Morgens stehe ich auf.
Die Zähne putze ich mir _nach dem Frühstück_.
Nun aber schnell, der Schulbus fährt _gleich_ los.
Nach 20 Minuten hält der Bus vor der Schule.

4 Erfrage die Bestimmungen des Ortes! Unterstreiche sie!

Der Eiffelturm steht in Paris.
Mickey Maus kommt aus Amerika.
Auf dem Hof laufen viele Hühner.
Der Mähdrescher fährt über das Feld.
In der Turnhalle ist mittwochs Turnen.
Wollen wir in meinem Zimmer spielen?

Methodenblatt

Lesen

■ Lesen ■

Das merke ich mir:

So kannst du einen Text besser verstehen:

1. Schaue dir zunächst die Überschrift und die Bilder an.
2. Überlege dir, worum es in dem Text gehen kann.
3. Lies den Text leise für dich.
4. Gibt es Wörter, die du nicht verstanden hast?
   Schlage diese Wörter im Lexikon nach oder nutze das Internet (www.blinde-kuh.de).
5. Lies den Text noch einmal Satz für Satz.
6. Unterstreiche die wichtigen Wörter mit Bleistift und Lineal.
7. Lies nun noch einmal nur die Wörter, die du unterstrichen hast. Hast du die Wörter gefunden, die den Text für dich zusammenfassen, die Schlüsselwörter?

Schlüsselwörter nennt man die wichtigen Wörter in einem Text oder einer Geschichte. Sie heißen Schlüsselwörter, weil sie dir die „Tür zur Geschichte" aufschließen.
Schlüsselwörter findest du, wenn du Fragen stellst:
Wer? Was? Wann? Warum? Wie? Wo?

Märchen spielen in der Vergangenheit. Sie beginnen oft mit „Es war einmal …" und enden mit „… und wenn sie nicht gestorben sind, so leben sie noch heute." Oft spielen in Märchen Zahlen eine wichtige Rolle.

Sachtexte enthalten **Informationen** zu einem Thema.
Sie beschränken sich auf **wesentliche Aussagen**.

Förderblatt

Lesen – Leseverstehen/Sinnentnahme

So kannst du einen Text besser verstehen:

1. Schaue dir zunächst die Überschrift und die Bilder an.
2. Überlege dir, worum es in dem Text gehen kann.
3. Lies den Text leise für dich.
4. Gibt es Wörter, die du nicht verstanden hast? Schlage diese Wörter im Lexikon nach oder nutze das Internet (www.blinde-kuh.de).
5. Lies den Text noch einmal Satz für Satz.
6. Unterstreiche die wichtigen Wörter mit Bleistift und Lineal.

1 Lies den Text. Unterstreiche wichtige Wörter.

2 Beantworte die Fragen.

Wer hat das Speiseeis erfunden?

Vor über 3000 Jahren wurden in China eiskalte Süßspeisen gegessen. Dazu wurde Schnee mit Honig, Wein oder Gewürzen vermischt. Die ersten Rezepte für Speiseeis brachte der Seefahrer Marco Polo nach Europa. Es entstand der Beruf des Eismachers. Das erste Eiscafé der Welt eröffnete ein italienischer Koch in Paris.

Wo wurden vor über 3000 Jahren eiskalte Süßspeisen gegessen?

_____

Was wurde mit Honig, Wein oder Gewürzen vermischt?

_____

Wer brachte die ersten Rezepte für Speiseeis nach Europa?

_____

Wer eröffnete das erste Eiscafé der Welt?

_____

Förderblatt

Lesen – Leseverstehen/Sinnentnahme

1 Lies den Text. Unterstreiche wichtige Wörter.

2 Beantworte die Fragen.

> **Die Entstehung von Schnee**
>
> Eiskristalle entstehen, wenn in einer Wolke die Temperatur unter den Gefrierpunkt sinkt.
>
> Die Kristalle werden zu Schneeflocken und fallen auf den Boden.
>
> Nur wenn die Temperaturen auf dem ganzen Weg von der Wolke zum Boden unter dem Gefrierpunkt liegen, kommen die Schneeflocken als Schnee an.
>
> Bei Temperaturen zwischen minus 17 und minus 20 Grad entstehen sechseckige Schneeflocken.

Woraus bestehen Schneeflocken?

_____

Wie hoch darf die Temperatur sein, damit die Schneeflocken als Schnee ankommen?

_____

Wann entstehen sechseckige Schneeflocken?

_____
_____

Förderblatt

Lesen – Leseverstehen/Sinnentnahme

1. Lies die Textabschnitte.

2. Nummeriere sie in der richtigen Reihenfolge.

3. Lies das ganze Märchen noch einmal in richtiger Reihenfolge.

Der Wolf und die sieben Geißlein

[1] Es war einmal eine alte Geiß, die hatte sieben Junge. Eines Tages wollte sie in den Wald gehen und Futter holen. Die Geiß sprach zu den Kindern: „Seid auf der Hut vor dem bösen Wolf!"

[ ] Dann ließ sich der Wolf von einem Bäcker die Pfote mit Mehl bestreichen. Er ging wieder zum Haus der Geiß, rief die Kinder und zeigte seine weiße Pfote.

[ ] Es dauerte nicht lange, da klopfte jemand an die Haustür und rief: „Macht auf, ihr lieben Kinder. Eure Mutter ist da." Die Geißlein hörten aber an der rauen Stimme, dass es der Wolf war.

[ ] Im Bauch des Wolfes zappelte es. Die alte Geiß holte Schere, Nadel und Faden. Als sie den Wolf aufschnitt, kamen alle Geißlein gesund heraus. Sie füllten den Wolfsbauch mit Wackersteinen.

[ ] Die Kinder glaubten, es wäre ihre Mutter. Sie öffneten die Tür. Als sie sahen, dass der Wolf ins Haus kam, erschraken sie. Sie versteckten sich überall, aber der Wolf fand alle Geißlein und fraß sie.

[ ] Als der Wolf aufwachte, hatte er großen Durst. Er ging mit den Steinen im Bauch zu einem Brunnen und ertrank jämmerlich. Die alte Geiß tanzte vor Freude mit ihren Kindern um den Brunnen herum.

[ ] Der Wolf kaufte sich nun ein großes Stück Kreide und fraß es. Er klopfte wieder an die Haustür. Weil er aber seine schwarze Pfote ins Fenster gelegt hatte, erkannten die Geißlein den Wolf.

[ ] Das jüngste Geißlein im Uhrkasten fand der Wolf nicht. Als der Wolf satt war, legte er sich auf eine Wiese und schlief. Inzwischen kam die alte Geiß nach Hause und fand nur noch eines ihrer Kinder.

Lösungsblatt

Lesen – Leseverstehen/Sinnentnahme

So kannst du einen Text besser verstehen:

1. Schaue dir zunächst die Überschrift und die Bilder an.
2. Überlege dir, worum es in dem Text gehen kann.
3. Lies den Text leise für dich.
4. Gibt es Wörter, die du nicht verstanden hast? Schlage diese Wörter im Lexikon nach oder nutze das Internet (www.blinde-kuh.de).
5. Lies den Text noch einmal Satz für Satz.
6. Unterstreiche die wichtigen Wörter mit Bleistift und Lineal.

1 Lies den Text. Unterstreiche wichtige Wörter.

2 Beantworte die Fragen.

Wer hat das Speiseeis erfunden?

Vor über 3000 Jahren wurden in China eiskalte Süßspeisen gegessen. Dazu wurde Schnee mit Honig, Wein oder Gewürzen vermischt. Die ersten Rezepte für Speiseeis brachte der Seefahrer Marco Polo nach Europa. Es entstand der Beruf des Eismachers. Das erste Eiscafé der Welt eröffnete ein italienischer Koch in Paris.

Wo wurden vor über 3000 Jahren eiskalte Süßspeisen gegessen?
in China

Was wurde mit Honig, Wein oder Gewürzen vermischt?
Schnee

Wer brachte die ersten Rezepte für Speiseeis nach Europa?
der Seefahrer Marco Polo

Wer eröffnete das erste Eiscafé der Welt?
ein italienischer Koch

---

1 Lies den Text. Unterstreiche wichtige Wörter.

2 Beantworte die Fragen.

Die Entstehung von Schnee

Eiskristalle entstehen, wenn in einer Wolke die Temperatur unter den Gefrierpunkt sinkt.
Die Kristalle werden zu Schneeflocken und fallen auf den Boden.
Nur wenn die Temperaturen auf dem ganzen Weg von der Wolke zum Boden unter dem Gefrierpunkt liegen, kommen die Schneeflocken als Schnee an.
Bei Temperaturen zwischen minus 17 und minus 20 Grad entstehen sechseckige Schneeflocken.

Woraus bestehen Schneeflocken?
aus Eiskristallen

Wie hoch darf die Temperatur sein, damit die Schneeflocken als Schnee ankommen?
unter dem Gefrierpunkt

Wann entstehen sechseckige Schneeflocken?
bei Temperaturen zwischen minus 17 und minus 20 Grad

Lösungsblatt

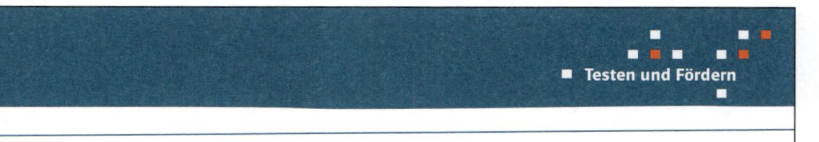

Lesen – Leseverstehen/Sinnentnahme

1. Lies die Textabschnitte.
2. Nummeriere sie in der richtigen Reihenfolge.
3. Lies das ganze Märchen noch einmal in richtiger Reihenfolge.

Der Wolf und die sieben Geißlein

1 Es war einmal eine alte Geiß, die hatte sieben Junge. Eines Tages wollte sie in den Wald gehen und Futter holen. Die Geiß sprach zu den Kindern: „Seid auf der Hut vor dem bösen Wolf!"

4 Dann ließ sich der Wolf von einem Bäcker die Pfote mit Mehl bestreichen. Er ging wieder zum Haus der Geiß, rief die Kinder und zeigte seine weiße Pfote.

2 Es dauerte nicht lange, da klopfte jemand an die Haustür und rief: „Macht auf, ihr lieben Kinder. Eure Mutter ist da." Die Geißlein hörten aber an der rauen Stimme, dass es der Wolf war.

7 Im Bauch des Wolfes zappelte es. Die alte Geiß holte Schere, Nadel und Faden. Als sie den Wolf aufschnitt, kamen alle Geißlein gesund heraus. Sie füllten den Wolfsbauch mit Wackersteinen.

5 Die Kinder glaubten, es wäre ihre Mutter. Sie öffneten die Tür. Als sie sahen, dass der Wolf ins Haus kam, erschraken sie. Sie versteckten sich überall, aber der Wolf fand alle Geißlein und fraß sie.

8 Als der Wolf aufwachte, hatte er großen Durst. Er ging mit den Steinen im Bauch zu einem Brunnen und ertrank jämmerlich. Die alte Geiß tanzte vor Freude mit ihren Kindern um den Brunnen herum.

3 Der Wolf kaufte sich nun ein großes Stück Kreide und fraß es. Er klopfte wieder an die Haustür. Weil er aber seine schwarze Pfote ins Fenster gelegt hatte, erkannten die Geißlein den Wolf.

6 Das jüngste Geißlein im Uhrkasten fand der Wolf nicht. Als der Wolf satt war, legte er sich auf eine Wiese und schlief. Inzwischen kam die alte Geiß nach Hause und fand nur noch eines ihrer Kinder.

Förderblatt

Lesen – Literarische Begriffe

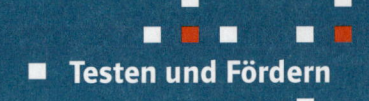

> **Märchen** spielen in der Vergangenheit. Sie beginnen oft mit „Es war einmal …" und enden mit „… und wenn sie nicht gestorben sind, so leben sie noch heute." Oft spielen in Märchen Zahlen eine wichtige Rolle.

1 Hier sind zwei Märchen durcheinander geraten.
Markiere die zusammengehörenden Sätze jeweils in einer Farbe.

Vor einem Wald wohnte ein armer Holzhacker mit seiner Frau und seinen zwei Kindern.
Einmal schenkte die Großmutter ihm ein Käppchen aus rotem Samt.
Der Bruder nahm sein Schwesterchen an der Hand und ging den Kieselsteinen nach.
Rotkäppchen machte sich auf den Weg, um die kranke Großmutter zu besuchen.
Sie gelangten zu einem Häuschen, das aus Brot gebaut war und mit Kuchen gedeckt.
„Aber Großmutter, was hast du für ein entsetzlich großes Maul!"
„Knusper, knusper, knäuschen, wer knuspert an meinem Häuschen?"
Der Jäger fing an, dem schlafenden Wolf den Bauch aufzuschneiden.
Da gab ihr Gretel einen Stoß, so dass die Hexe weit in den Ofen hineinfuhr.
Die Großmutter aß den Kuchen und alle waren vergnügt.

2 Wähle eines der Märchen aus und schreibe die passenden Sätze untereinander auf.

_____
_____
_____
_____

Förderblatt

Lesen – Literarische Begriffe

> **Sachtexte** enthalten **Informationen** zu einem Thema.
> Sie beschränken sich auf **wesentliche Aussagen**.

1 Hier sind zwei Texte durcheinander geraten. Markiere die Sätze, die zu einem Märchen gehören.

Schneewittchen

Die Königin gebar eine Tochter; die war so weiß wie Schnee.
Der Buntspecht hat ein schwarz-weißes Gefieder und weiße Schulterflecken.
„Spieglein, Spieglein an der Wand, wer ist die Schönste im ganzen Land?"
Das Männchen hat einen roten Fleck am Hinterkopf.
„Frau Königin, Ihr seid die Schönste, aber Schneewittchen ist tausendmal schöner als Ihr."
Er ist meist an Baumstämmen und Masten zu sehen.
Als es Nacht wurde, kamen die sieben Zwerge von ihrer Arbeit nach Hause.
Er ernährt sich von Insekten, Baumsamen, Eiern und Nüssen.
Schneewittchen ging mit dem Königssohn und es wurde Hochzeit gefeiert.

2 Schreibe die Sätze, die zu dem Märchen gehören untereinander auf.

_____
_____
_____
_____
_____
_____

3 Zu welcher Textsorte gehören die übrigen Sätze?

_____

Förderblatt

Lesen – Literarische Begriffe

> **Schlüsselwörter** nennt man die wichtigen Wörter in einem Text oder einer Geschichte. Sie heißen Schlüsselwörter, weil sie dir die „Tür zur Geschichte" aufschließen.
> **Schlüsselwörter** findest du, wenn du Fragen stellst:
> **Wer? Was? Wann? Warum? Wie? Wo?**

1 Lies den Text. Unterstreiche wichtige Wörter (Schlüsselwörter).

Der Regen
Wenn die Sonne die Erdoberfläche erwärmt, verdunstet Wasser.
Die feuchte Luft steigt von der Erde auf.
Es bilden sich Wolkentröpfchen.
Sie werden immer größer und schwerer und fallen auf die Erde.
Dann regnet es.
Ein Regentropfen kann fünf Millimeter groß werden.

2 Überlege dir ein Thema, zu dem du einen kurzen Sachtext verfassen kannst.

3 Schreibe die wesentlichen Informationen als Stichpunkte auf.

_____
_____
_____

4 Verfasse einen Sachtext mithilfe deiner Stichpunkte.

_____
_____
_____
_____

Lösungsblatt

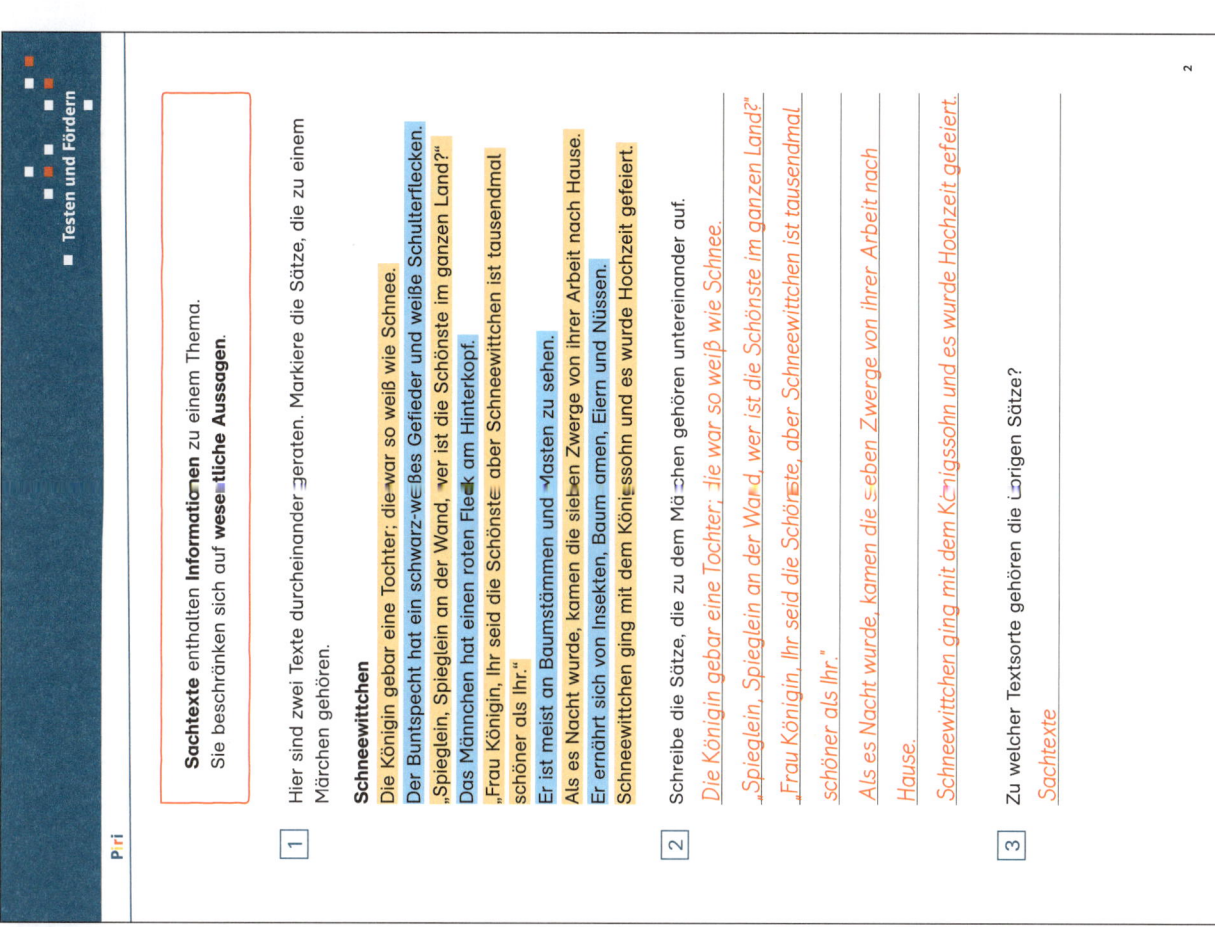

Lesen – Literarische Begriffe

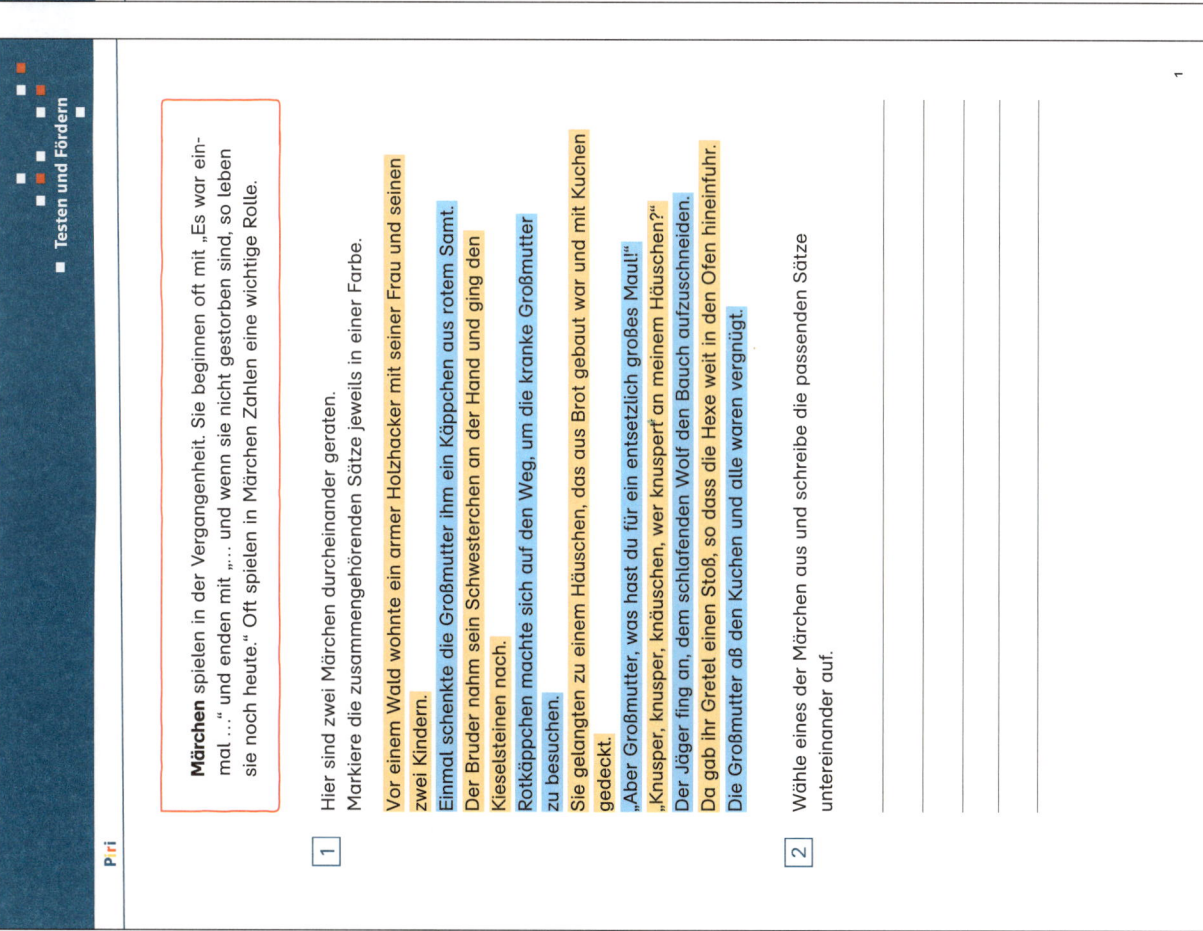

Sachtexte enthalten **Informationen** zu einem Thema. Sie beschränken sich auf **wesentliche Aussagen**.

1 Hier sind zwei Texte durcheinander geraten. Markiere die Sätze, die zu einem Märchen gehören.

Schneewittchen

Die Königin gebar eine Tochter; die war so weiß wie Schnee.
Der Buntspecht hat ein schwarz-weißes Gefieder und weiße Schulterflecken.
„Spieglein, Spieglein an der Wand, wer ist die Schönste im ganzen Land?"
Das Männchen hat einen roten Fleck am Hinterkopf.
„Frau Königin, Ihr seid die Schönste, aber Schneewittchen ist tausendmal schöner als Ihr."
Er ist meist an Baumstämmen und Ästen zu sehen.
Als es Nacht wurde, kamen die sieben Zwerge von ihrer Arbeit nach Hause.
Er ernährt sich von Insekten, Baumsamen, Eiern und Nüssen.
Schneewittchen ging mit dem Königssohn und es wurde Hochzeit gefeiert.

2 Schreibe die Sätze, die zu dem Märchen gehören untereinander auf.

Die Königin gebar eine Tochter; die war so weiß wie Schnee.
„Spieglein, Spieglein an der Wand, wer ist die Schönste im ganzen Land?"
„Frau Königin, Ihr seid die Schönste, aber Schneewittchen ist tausendmal schöner als Ihr."
Als es Nacht wurde, kamen die sieben Zwerge von ihrer Arbeit nach Hause.
Schneewittchen ging mit dem Königssohn und es wurde Hochzeit gefeiert.

3 Zu welcher Textsorte gehören die übrigen Sätze?

Sachtexte

Märchen spielen in der Vergangenheit. Sie beginnen oft mit „Es war einmal ..." und enden mit „..." und wenn sie nicht gestorben sind, so leben sie noch heute." Oft spielen in Märchen Zahlen eine wichtige Rolle.

1 Hier sind zwei Märchen durcheinander geraten. Markiere die zusammengehörenden Sätze jeweils in einer Farbe.

Vor einem Wald wohnte ein armer Holzhacker mit seiner Frau und seinen zwei Kindern.
Einmal schenkte die Großmutter ihm ein Käppchen aus rotem Samt.
Der Bruder nahm sein Schwesterchen an der Hand und ging den Kieselsteinen nach.
Rotkäppchen machte sich auf den Weg, um die kranke Großmutter zu besuchen.
Sie gelangten zu einem Häuschen, das aus Brot gebaut war und mit Kuchen gedeckt.
„Aber Großmutter, was hast du für ein entsetzlich großes Maul!"
„Knusper, knusper, knäuschen, wer knuspert an meinem Häuschen?"
Der Jäger fing an, dem schlafenden Wolf den Bauch aufzuschneiden.
Da gab ihr Gretel einen Stoß, so dass die Hexe weit in den Ofen hineinfuhr.
Die Großmutter aß den Kuchen und alle waren vergnügt.

2 Wähle eines der Märchen aus und schreibe die passenden Sätze untereinander auf.

Testen und Fördern — Lösungsblatt

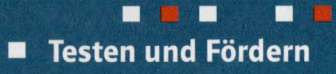

Lesen – Literarische Begriffe

Piri

> **Schlüsselwörter** nennt man die wichtigen Wörter in einem Text oder einer Geschichte. Sie heißen Schlüsselwörter, weil sie dir die „Tür zur Geschichte" aufschließen.
> **Schlüsselwörter** findest du, wenn du Fragen stellst:
> **Wer? Was? Wann? Warum? Wie? Wo?**

1 Lies den Text. Unterstreiche wichtige Wörter (Schlüsselwörter).

Der Regen
Wenn die Sonne die Erdoberfläche erwärmt, verdunstet Wasser.
Die feuchte Luft steigt von der Erde auf.
Es bilden sich Wolkentröpfchen.
Sie werden immer größer und schwerer und fallen auf die Erde.
Dann regnet es.
Ein Regentropfen kann fünf Millimeter groß werden.

2 Überlege dir ein Thema, zu dem du einen kurzen Sachtext verfassen kannst.

3 Schreibe die wesentlichen Informationen als Stichpunkte auf.

4 Verfasse einen Sachtext mithilfe deiner Stichpunkte.

© Ernst Klett Verlag GmbH, Stuttgart 2012. Alle Rechte vorbehalten.
Piri 4 Testen und Fördern

Piri 4

■ Testen und Fördern

URKUNDE

Herzlichen Glückwunsch!

Du hast es geschafft!

Unterschrift

Datum

Piri 4

Testen und Fördern

URKUNDE

Herzlichen Glückwunsch!

Du hast es geschafft!

Unterschrift

Datum